智 · 慧 · 爱
Sapientiae et Cordi

了 解 和 爱 ， 终 将 成 就 一 切 ！

猫头鹰男孩
The Very Worst Thing

［美］桃莉 · 海顿（Torey Hayden）著

陈淑惠 译

华夏出版社
HUAXIA PUBLISHING HOUSE

推荐序

学习倾听孩子的声音

21 世纪，随着互联网的飞速发展，世界愈加扁平，各种资讯以及教育理念以前所未有的强度冲击着我们。育儿的话题在当今的中国变得越来越引人关注，也越来越重要。第一代的独生子女如今已经为人父母。在仍然以传授知识、考试测评为教育主线的中国，孩子的压力越来越大，反抗也越来越大。家长们一方面渴望孩子快乐成长，另一方面又难以抗拒整个社会的潮流，站在孩子的身后，举着考试的大旗打压着孩子们。

前日参加一个活动，有一个讨论是关于"如何做高效能父母"的话题。家长们七嘴八舌，提出了一大堆的建议。我却在想，也许，我们都需要安静下来，学习倾听孩子的声音。

桃莉·海顿，被美国教育界盛誉为"爱的奇迹天使"，她的这套"桃莉老师疗愈成长之旅"都是从孩子的角度展开的，让我们这些糊涂的自以为是的大人有机会听到孩子们的声音，帮助我们贴近孩子那颗敏感的心，了解他们的需要和被爱的方式。

我非常感谢自己在芬兰的育儿经历，因为是个"外来母亲"，什么都不懂，所以必须倾听（即使如此，也常常做不到很好的倾听）。

在某种程度上，女儿教会了我很多。记得女儿12岁左右的时候，喜欢上了一个西方的摇滚歌星。这个歌星的所有造型，都让我有一种心惊肉跳的感觉。我非常担心女儿的"喜欢"，试图了解她为什么会以这样一个"不正派"的歌星为偶像。女儿却说，他在台上的打扮和表演只是一种渲泄，是他情绪或生命中的一个部分。她还批评我（和很多中国家长）以貌取人。可是，我依然不明白，这个摇滚歌星渲泄的哪一部分引起了一个12岁孩子的共鸣，当时非常担心（现在我越来越理解一个孩子成长过程中的困扰）。此后，我们也偶尔会为这件事展开讨论，直到她15岁的某一天，我们又谈起这个歌星，她跟我说了不久前发生的一件事：有一个青少年持枪伤人，而他恰是这个歌星的粉丝。这件事引起各方媒体的关注，甚至有一种声音质疑歌星的音乐对青少年的负面引导。有人采访这个歌星，问："如果你有机会对这个孩子说几句话，你会说什么？"他静默片刻，回答道："我什么也不会说，我会倾听。"女儿说："妈妈，你不觉得他是一个很有智慧的人吗？"

是的，倾听的力量超出你的想象！在这个充斥着各种声音和各种理念的噪杂世界里，"倾听"也许是我们需要学习的一个重要技能。

无论你是家长还是老师，如果你心里有爱，并愿意用对的方式支持到你所爱的孩子，不妨打开这套书，在桃莉·海顿的帮助下，走进孩子的内心世界，开始学会倾听。看看你是否能够听到他渴望长大的声音，听到他内心的无助和他的需求，他的自豪和喜悦，体会到他在生命初期学习生存技能的那份努力和不易。

如果我们能够带着深深的爱，细心地倾听，全然地信任，耐心地陪伴，也许，生命就会展现给你一个奇迹！

芬兰富尔曼儿童技能教养法中国推广第一人：李红燕

目录

1 "最痛苦的事"名单 _ 001

2 新学校 新班级 新同学 _ 007

3 "笨小孩"就没有朋友吗? _ 016

4 梅 比 _ 024

5 猫头鹰的蛋 _ 034

6 亚瑟王 _ 040

7 莉莉来电话了 _ 046

8 吵架了,又和好了 _ 0

9 梅比讲故事 _ 063

10 宝 剑 _ 068

11 这回大卫真的生气了 _ 074

12 离家之夜 _ 083

13 小小猫头鹰出来了 _ 088

14 回家了 _ 094

15　到梅比家做客 _ 101

16　开始照料小猫头鹰 _ 109

17　新朋友——丹尼斯 _ 115

18　和莉莉见面 _ 120

19　有工作了 _ 127

20　"亚瑟王"一天天在长大 _ 134

21　新的问题 _ 140

22　"亚瑟王"可不是好养的 _ 151

23　最痛苦的事 _ 157

24　葛兰尼的故事 _ 162

25　经历过最好的事情才能有最痛苦的事 _ 171

"最痛苦的事"名单

大卫在脑海里记了一长串"最痛苦的事"。第二十二条:看牙医。第十八条:看牙医,还发现有两颗蛀牙。虽然可以趁机会把蛀牙填起来,不过这一条的排名也因而上升到第八。

大卫不知道别人都把什么摆在第一条,因为他注意到有些人列的顺序真的很奇怪。他们只想到眼前急迫的事情,例如不要去某个他们真的很想去的地方。或者穿着很笨拙的衣服,以免引来人们的嘲笑。这些事情虽然不好,但其实并不长久。大卫心里很清楚,让人身陷其中、永远上不上或下不下的事,才是最痛苦的事。

他还知道什么是最痛苦的事。就是没事。当没有人在乎你发生什么事时,当你不属于任何地方或任何人时,那是"最痛苦的事"名单中的第一条。这可是他的亲身体验。

大卫甚至不记得父亲的模样。早在他会说话之前，父亲就已经离开他，因此毫无记忆可言。他只知道父亲有一头鬈发，这只是个人的猜想，因为他和他的姊姊莉莉都是鬈发，而妈妈并不是。

大卫其实也不太记得妈妈的样子。他对妈妈的印象全来自莉莉的描述：妈妈有一头凌乱的长发——"稀疏的长发"，莉莉曾说，它们直直地披在她的肩上；妈妈还有肥胖的身体。莉莉说，肥胖没有关系，因为那样抱起来让人觉得又舒服又柔软。大卫不记得曾经抱过妈妈或被她抱过，所以无法体会那种感觉。他唯一记得的就只有吼叫声。或者也许那并不是吼叫声。也许那只是鸟儿们的喧闹声，因为莉莉曾经告诉他，曾有乌鸦住在烟囱里。不过大卫并不那么认为，他一直觉得那是吼叫声。

大卫记得的是来带他们离开的那位女士。她的胸前别着一个胸针，胸针里面镶着一朵玫瑰，看起来就像一颗极小的冰块，他很想摸它。他清楚地记得那个玫瑰胸针，但却忘了他的妈妈。

然后，他开始了寄养家庭的生活。自从他和莉莉被带走后，每年换一家，一共有六家。他不明白为什么会这样，但大人们则觉得不需要对孩子解释那么多。不过他也不是完全不了解，就像住在索米斯家时那样。他们打算领养他和莉莉，并在姊弟第一次来到家里时，明确地表达意愿。"从现在开始，我们将会是你们真正的爸爸与妈妈，"他们说，"你们可以喊我们爸爸和妈妈，这里将会是你们的新家。"但到最后，他们却改变了心意。

"都是你白痴啦，"莉莉曾对他说，那年她十岁，"没有人会想要一个六岁小孩。你老是说错话，功课老是做不好。除了尿床，你什么都不会。会发生这种事情，都是你的错。"大卫知道她说得没错，因为当索米斯先生对社工人员说"照顾他真的太费工夫了"的时候，他就站在门外。

只是有时候，莉莉也有错，但她从来不承认。她不只嘴巴坏，还喜欢偷别的小朋友的东西。在安德森家时，为了想要打电话报火警，她竟然放火烧厨房的窗帘，以致他们在安德森家的寄养日子就此结束。然后，十一岁那年，她开始逃家，不论人们对她好或不好，她就是不断地离家出走。事实是，没有人愿意忍受一个老是爱逃家的小孩。可见莉莉并没有她自认的那样聪明。

大卫躺在床上，瞪着墙壁。躺在别人的床上。这不是他自己的床。他根本没有自己的床。他知道自己此刻正经历着最痛苦的事，而这次他甚至没有莉莉的陪伴。米洛太太告诉他，法官认为莉莉这次最好住在"收容所",那其实就是儿童监狱的代名词,一个不论窗户、门和冰箱都上了锁的地方。生平第一次,大卫独自一人来到新的寄养家庭。

米洛太太是他的社工。她的身材魁梧,老是穿着泥巴色的西装——泥巴色的蓝、泥巴色的灰,以及泥巴色的绿。好像有那么一家店,什么都不卖,就只卖社工人员的西装。大卫觉得她的头看起来太小,就像一粒正要滚下泥山的小石头,大多数时候他不会抬头看她。她说话的时候,他就看着她西装上上下起伏的纽扣。他不明白自己为何那么专注地看着纽扣,它们不过就是纽扣而已,但他就是无法把视线从它们上面移开。

这一次,米洛太太告诉他,他将要去葛兰尼家。天啊,葛兰尼。那是什么怪名字?大卫从老师们念的童话故事里勾勒出一个人物:一个开心的老妇人,保存着九十二张其他孩子的照片,穿着一双不合脚的鞋子,手里也许还拿着刚刚出炉的苹果派哩,而你必须学着去爱这样一个老太婆。

其实葛兰尼不像他想象的那样。她的确很老;这点倒是猜对了,不过名字跟人有点不搭。她似乎不是个开朗的人。她没有解释以前是否领养过孩子,但现在就只有他一个。事实上,葛兰尼先生这号人物并不存在,他是那个家中唯一的另一个人。葛兰尼的个子娇小，十一岁的大卫已和她一样高。她看起来干瘦，双手粗糙，手指关节布满皱纹。米洛太太离开后，她便不太说话，只是带他去他的房间。

他的房间位于阁楼，必须由厨房后面一个奇怪的小楼梯上去。大卫看着房门，原以为那只是个衣柜，但当葛兰尼打开它时，它却是一个通往楼上的小通道。如果它不是那么阴暗的话，那就更酷了。阶梯很小，只容得下他脚底的前半部，而阶梯的斜度让他很想用双手爬行。楼梯间只有一盏微亮的灯，就在最顶端的地方；狭窄的楼梯，大卫只要张开双臂便可摸到两边的墙壁。

楼梯虽窄小，但上头的房间却很宽大。房间的尽头有一扇极小的窗户，几乎低到地板，以致他必须弯腰才能探头往外看。因天花板往两边斜下，大卫只能在房间的中央才能站直。床是铁制的，这是大卫生平第一次看到真正的铁床。葛兰尼一转身离开，他便迫不及待地在床上弹跳，简直把它当成弹跳床。那床散发出一种味道。不臭。是种老旧的味道。老旧且未曾使用过的味道，好像从来没人睡过一样。

大卫一直等到葛兰尼离开下了楼后，才打开他的箱子。小毯子就在箱子一角，旁边是他的第二双鞋子。莉莉总爱嘲笑他对小毯子的痴迷。她老爱把它藏起来，因为她说他那婴儿般的行为让她很丢脸。有一次她气极了，就把它撕成两半；所以现在它真的是名副其实的小毯子。

大卫躺在床上，用小毯子压住眼睛。当然，莉莉是对的。他年纪太大了，不应该再玩小毯子，即便是手帕大小的也不行，问题是这条毯子是唯一一直跟着他的东西。他一直带着它，因为它闻起来有一股熟悉的味道。

新学校　新班级　新同学

"大卫，要吃早餐的话，就动作快一点儿！"葛兰尼喊着。窄小的楼梯通道像传声筒般传来她的声音。大卫觉得自己的四肢好像变成了石头，沉重，缓慢。他把自己想象成一个将获得生命的雕像，笨重踉跄地走向楼梯。

"你的衣服没拉好，"葛兰尼看到他时说道，"你会扣纽扣吗？"她的口气中没有嫌恶，她伸手帮他把衬衫拉直，好像他只是个五岁大的孩子。

大卫扭开身体。

"别闹别扭了。米洛太太告诉我，你在一些事情上有点障碍。我了解。"

"我——我——会扣——扣子。我不是小——小孩子。"

"好，那就把扣子扣好，不然我们会迟到的，"葛兰尼回答，

"今天早上我要到渥辛顿太太家工作,必须在九点半前赶到。"

她是一位清洁妇?这就是她的工作?那她要怎么照顾寄养的孩子呢?他在这里会有什么下场呢?大卫看看四周。这是一套小房子。不贫穷,但也不算富有。或许她这样做是为了钱吧。领养孩子可以赚钱,就像帮人熨衣服可以赚钱一样。

米洛太太曾告诉他,不用搭巴士去上学,就像以前在城里那样。所以当他跨出屋外时,便很自然地找寻车子。车子不在车库里。车库门是旧式的那种可以回折的门,其中有一片已经坏了,可见里头已经很久没有停车了。他望着停在街上的车子。他的父亲有一部凯迪拉克,至少莉莉是那样说的。停在葛兰尼家前面的是一部福特车,令人作呕的米黄色,约有一万年的车龄。大卫懊恼地朝它走去。

"没有那么远啦,"葛兰尼说,"我们走路去就好了。"

"走路?"

对大卫而言,这里的一切并没有什么两样。街道上都是房子。没有商店、加油站或快餐店,像城里那样。难道他必须每天走上一万里去上学?为什么她不像大家一样开车呢?

*

他还来不及意会,他们便已抵达目的地。上学,或许是"最痛苦的事"的名单上的第二条。

在学校的办公室里,校长以对待大人的方式,微笑着和大卫握手。他是道森先生。"大卫将加入哈洛威太太的五年级那班。"他对葛兰尼说。

"五——五年级?"大卫喊道。从没有人提到过要把他转入五年级。他已经读了一半五年级,现在应该加入六年级,不是五年级!义务教育的规定中并没有包括留级制度,不是吗?大卫想要向他们解释内心的想法,可是舌头不听话,跟不上思考的节奏。

哈洛威太太在教室门口与他们碰面。她有一头金发,一张宽大但友善的脸庞,还有满脸的雀斑。她不是一个非常资深的老师,要不是大卫满脑子担心这个五年级、六年级的问题,他应该会觉得她很漂亮。

她带他到一张已坐了三名男孩的桌子前坐下。她俯下身,把一张数学作业放在桌上。"你会加法吗?"她问。

坐在他正对面的男孩窃笑着。

"你们搞——搞错了,"大卫说,"我——我应该读六——六年级。不——不是五年级。"

"是的,"哈洛威太太温和、轻松地说,好似她所说的话绝对正确,"不过城里的一些学校的素质赶不上我们这里,有很多课程你都还没上过呢。"

"可——可是我已经读了一半五年级耶!"大卫说。

"是哦,"对面的男孩悄声说,"我还上大学了咧。"

*

大卫看不懂作业的内容。哈洛威太太给他的数学习题,他不会做。他看不懂社会学的课本,他甚至看不懂以图片为主的新闻杂志,整张作业让他看得眼花缭乱。他抱着头,直直地盯着那些数学习题。

哈洛威太太在教室里绕来绕去,巡视学生做作业。她在大卫的桌旁停下来。"没有关系的,"看着大卫满纸的橡皮擦痕,她说,"明天你去见契斯贺太太,学习阅读与数学。她会帮助像你这样的学生。"

大卫的双肩垮垂了下来。

"别担心,适应新学校很困难,我明白。"

大卫在脑海中正想着"最痛苦的事"的第十五条,就是如何面对那些自以为明白一切事情的老师们。

*

午餐前,哈洛威太太又过来他的座位旁。她说:"当有新同学加入我们班上时，我们就会选出一个人当他的'学伴'，帮助新同学熟悉环境。这位是罗尼，他就是你的学伴。他会带你去餐厅。"

他就是坐在大卫对面的那个男孩。

"我才不要呢，别以为这样就表示我是你的朋友。"哈洛威太太一离开，罗尼便说道。他比大卫还矮，一头邋遢的暗红色头发，正是大卫以前上的学校里的孩子们取笑的对象的模样。但这里不会。他那有些臭屁的走路的样子，是在向他示威，要他知道他可不是好惹的。他高傲自大，面对老师时也一样。

他们在自助餐厅里排队。

"你被留级了，对不对？"

大卫没有回答。

"老兄，你一定是世界级的大笨蛋，才会在五年级读了一半时被留级。"他的语气中带着惊讶。

大卫真希望队伍能够移动得快一些。

"你是智障吗？"

大卫没有回答。

随着队伍缓缓移动，罗尼弯身靠向前面的男孩。"这个小鬼读错班级了。他应该去读杰弗森小学的特殊班。"

那个男孩觉得很好笑。两个男孩一齐发出惊呼声。

大卫不想理他们,径自挑了一盘比萨,放到自己的餐盘上。饮料机和他以前学校的不一样,他不熟悉操作方式,使得饮料满出了杯子。

"糟糕。"看到大卫把杯子放进餐盘里,罗尼说,然后用他的餐盘撞大卫的,故意要让大卫的饮料洒在比萨上。罗尼瞪大眼睛,"对不——不——不起",他和另一个男孩大笑。

大卫不发一语。

*

"梅黛玲?请你过来一下。"哈洛威太太说。

女孩站了起来。她的个子跟二年级学生一般矮小,骨瘦如柴,一头金色长发。她穿着一件棉质洋装,身前还有小兔子图样,像是小小孩穿的。她的一边膝盖上贴着三块绷带,另一边贴了两块,每块绷带上都画有星星。

"既然你的功课已经做完了,梅黛玲,"哈洛威太太说,"你愿不愿意坐到大卫旁边,教他写功课?"

恶心!大卫心想:"饶了我吧!"

女孩搬了张椅子过来,并在大卫的旁边坐下。坐在对面的罗尼大笑。女孩不理他。她的皮肤真的很苍白,手指上满是伤痕。她看起来只有六岁大。

急于表现不需要女孩协助的大卫，赶紧趴在作业本上，更专心地写着功课。

"错了。"她说，指着第三道题目。

"我——我知道。"

"你想知道答案吗？是64。"

"我——知道。我只是还没写下来而已。我不需要任何帮忙。"他说，擦掉原先已经写好的，并填上64。

她耸耸肩："我只是随便说说罢了。如果你不需要帮忙的话，就当我没说好了。"

下课的时候，大卫陷入沉思。是不是该逃家呢？莉莉开始逃家时也不过才十一岁。也许她没有我想象的那么笨。也许她现在觉得与他同病相怜，都困在世界上最糟糕的地方。

"嘿，你！"

大卫抬起头。

罗尼就站在教室的角落，旁边还站着两个班上的男同学，但大卫想不起两个人的名字。三个人把大卫围住。

其中一名有一头鬈曲金发，其明亮鬈曲的程度足以媲美羊毛。他的脸贴近大卫，两人几乎鼻子相碰，他还满嘴散发出玉米脆片的味道。

"我们才是老大,你不是,"他说,"明白吗?"

大卫没有回答。

"而且我们不喜欢智障。"

大卫想要走开。

"谁说你可以走的?"罗尼说,"你必须先喊'老大'才能走。这样你才会知道谁是这里的老大。"

大卫不说话。

"老——老——老大!"羊毛鬈发男孩说,模仿大卫口吃的样子。他一边说,一边喷着混杂着玉米脆片的口水。

羊毛鬈发男孩还来不及反应,大卫的拳头已重重地挥在他的脸上。打架是大卫最拿手的事情之一。毕竟,如果你跑得不够快,那就得会打架。

罗尼开始尖叫:"道森先生!道森先生!"他的声音穿过操场。"道森先生,新来的孩子打布兰登!"

在新学校的第一天,大卫的下场就是被叫到校长室。

"我和麦特还有布兰登只是站在那里而已啊,"罗尼说,"然后他就说:'我在以前的学校是老大,我在这里也会是老大。你若不喊我老大,我就把你打得鼻青脸肿。'"

道森先生提着大卫的衣领，大步往校长办公室走去。

"每个开始都是崭新的，小子，"校长室的门一关上，道森先生便对他说，"在我看来，你是个非常需要一个新开始的男孩。"他指着他办公桌上角落里的一叠厚厚卷宗。

"我——我得去上厕所。"大卫回答。

道森先生不耐烦地翻了翻白眼。"你可以等一下再去，因为我现在必须先把话说清楚，小子。在这所学校里，打人并不是解决问题的好方法。"

"拜——拜托！我真的得去上厕所。"

道森先生用鼻子"哼"了一声，就像马儿的鼻子埋在水桶里般。"好吧，可是要快一点儿。我只给你两分钟的时间。"他指着他的手表说。

大卫冲出办公室。下课时间已经结束，所有的小朋友都已经进入教室。大卫在冰冷、黑暗、空荡的走廊上大步跑着，最后并没有跑进男生厕所。他只是不停地跑，直直地向大门跑去。

3

"笨小孩"就没有朋友吗？

大卫一直跑到喘不过气来时才停下脚步。他不知自己置身何处，一边喘着气，一边环顾四周。在城里，马路都是四线道，还有日夜不间歇的车声。在这条街上，除了停在路旁的车子之外，根本没有车子驶过，也许是这里的街道太破烂，所以没有车子。他早已习惯画有白线的宽阔的黑色柏油路，可是这里的路看起来简直就像水泥铺的。路上到处都有裂痕，用一种黑色的东西补平，像是用黑胶管黏上似的。

站在街道的远端，大卫看到开阔的乡村景色。他以前虽然不曾真正在乡下待过，但坐车时常常会经过乡下地方，所以对这样的景色并不陌生。

呼吸平稳后，他缓步走向远处那片宽阔地带。人行道很快没入呈现萧瑟的冬景的草原中。小径的尽头被铁丝篱笆围住。

篱笆的后方是一座牧场。

大卫滑过篱笆，小心翼翼地走在不平的地面，感觉自己暴露在空旷的草地上。他看到一条小峡谷，他顺势滑下河堤，河堤底下有一道细细的小溪，流穿过石头与倒下的芦苇。大卫干脆随着溪流往前走，一边走还一边用鞋尖戳破冰层，又薄又脆的冰层就像冰糖。

再往下走，他来到一颗大圆石前，它看起来有点像一把巨大的灰色椅子。一张宝座。大卫爬上顶端，坐在上面。

小时候，还住在索米斯家的时候，索米斯妈妈曾读过一篇故事给他听，讲的是一个名字叫作亚瑟的国王，他有一名巫师与一群忠心的骑士守护着。那本故事书是从图书馆借来的，不能留太久，但他实在太喜欢那篇故事了，于是要求索米斯妈妈一遍又一遍地念给他听，直到她必须归还给图书馆为止。

他没有再看过那本书，实在很可惜，他想再多听几次，尤其是亚瑟王那一段，亚瑟王也曾经是个寄养孩子，在他拔出石中剑之前，没有人知道他是个国王。最后大卫只能想象这篇故事的发展。大多数时候，他假想亚瑟王就是他的亲生父亲，正在到处寻找他，总有一天他会找到他，并将他接回城堡，有时候大卫则假装自己就是亚瑟王。虽然那只是小孩子的游戏，但即便到现在,他仍时时想起那种美好的感觉。

大卫从高高在上的石头宝座上,眺望整个乡野。此时是二月,万物仍是一片褐色、黄色与灰色。就是冬天的颜色。他喜欢褐色的牧草弯腰的样子,就像弯在河边的杂草。头上,天空是清澈的淡蓝色。

从高点往下望,大卫注意到一栋小小的建筑物,位于河边杂乱的树林的后方。那是一栋老旧又颓败的房子,几乎被淹没在丛密的树林间。

大卫滑下巨石,穿过树丛,想要一探究竟。那只不过是间铁皮屋罢了。它曾被漆成红色,不过此时表皮都已经漆落生锈了。屋子上有一个四格的窗户,其中两格的玻璃已经破裂,还有一扇摇摇欲坠的门,不时发出嘎嘎声。大卫用指尖紧抓着门的边缘,试着打开它。他往里头望去。地上到处是覆着灰尘的杂乱的枯稻草,好像这里曾经关过动物。他走进去,脚步非常小心谨慎,生怕有什么东西突然从地上跳起来。天花板很低,只要打直身子,他的手指便可碰到天花板。

太酷了!这个地方可以好好地修理一下。要是能有一把锄头和一些钉子,他就可以把门修好。要是能有扫把,他就可以清除稻草。他挥扫附在窗户上的灰尘。这是个绝佳的藏身处!大卫内心暗笑着。

*

返回葛兰尼家的路上，这股兴奋的情绪仍然一直持续着。

"太好了！你终于回来了！"一看到大卫打开门，葛兰尼便大声说。

在学校发生的可怕事情，现在一股脑儿地全涌了上来。他并没有忘记打架和当着道森先生的面跑掉的事，他只是把它们挤到内心的某个角落，就好像你把小丑玩具压回它的箱子里那样。而此刻就像小丑玩具突然从箱子里跳出来一般，大卫可以清楚地听到自己的心跳声。

"到底是怎么一回事？"葛兰尼问。她正在煎猪排，一手拿着小铲子。她的双手环抱在胸前，煎铲依然在她的手上。"你都不怕我会担心吗？"

大卫低下头。

"道森先生打电话来，说你不见了。我一个人在家，根本不知道你跑到哪里去了。这让我感到很害怕，因为你才来没多久，我害怕你会走丢了。我真的非常担心。"

大卫并不是故意要那样。他不知道她会担心。

"我敢说一定是你在学校里发生了什么事，"她说，她的语气温柔中带着气愤,好像真的知道发生了什么事,只是不愿意说出来,"我相信这其中一定有原因。人们不会无缘无故地逃跑。我并没有生气,只是想知道是什么事情让你的心情这么糟糕,非得要逃跑才行。"

大卫说不出话来,只是低着头。

"看着我,把头抬起来,告诉自己:'我是一个好人,我不需要低头看着地板。'然后你再告诉我你去了哪里。在这间屋子里,没有逃跑或打架的事情。如果真的出现什么问题,我们会用言语来解决,而不是用拳头。而且我们会坦白我们的去处。"

大卫用双手捂住耳朵。

*

葛兰尼不再说教,但也没有就此罢休,由于大卫找不到适当的话表达,以致晚餐过程有着冗长的沉默,好似她在等待答案。她一再表示,这不是她家中解决事情的方法,所以他没有选择,明天一定要回学校上课,而且要坦白一切。

不过道森先生早已有所准备,打算好好训斥他在操场打架的行为。翌日,当葛兰尼拖着大卫来到学校,有如一只顽皮的小狗回到有序的班级,道森先生摇着手指头,将他提到留校察看的教室,未来四天,一等大卫吃完午餐,剩余的午餐时间便得待在那里。

大卫很想说:"那么罗尼和那个羊毛鬈发小子呢?他们也被留校了吗?"但他的嘴巴就是说不出话来,只是呆呆地望着柜台上那块木头的纹路。道森先生仍不停地数落着,说才上学第二天就被留校实在不是件好事。大卫把木头的纹路想象成一条绕着小岛的干枯河床。也许它曾待在某个遥远的星球上。

*

那天,大卫开始加入契斯贺太太的班级。她是从事特殊教育的老师,不过那只是个美名,大卫心里明白,其实她是专教他这类笨小孩的老师。

契斯贺太太的教室位于走道尽头,与哈洛威太太的教室相隔遥远,而且看起来不像间教室,反倒比较像储藏室,因为里面全是金属柜子。契斯贺太太就坐在窗户旁的圆桌前,她要大卫在她身旁坐下。

"这上面说你有动作协调能力丧失症。"她说,指着她面前翻开着的档案。

"很有挑战。"这是他前一个学校的老师在档案上的评语。"大卫很有挑战。"听起来好像他准备去攀登圣母峰似的,其实她真正的意思是，大卫的身体不像其他孩子那般运作自如。

"可以告诉我你遇到了什么问题吗？"契斯贺太太问。

该从什么地方说起呢？大卫心想。应该告诉她他跑步不太行吗？或者写字很困难？或者他有口吃的毛病？

大卫只是耸耸肩，希望这个动作能说明一切，可是，真的，她把这一切全写在她前面的档案上。意思就是他很失败。

"你有说话表达方面的困难吗？"她问。

大卫点点头。

"阅读和数学呢？其他学科呢？"她问。

大卫垂下肩膀。为何她不说一些他会的东西呢？那就不用花这么多时间去说，因为他什么都不会。

*

契斯贺太太要他在下课离开前把数学作业写完，以致等到大卫走到教室外面时，所有的孩子都已经在外面了。

他寻找罗尼和羊毛鬈发小子的行踪。他们两人就站在操场的远处。罗尼正在玩球，旁边聚集着一群孩子在观看。罗尼说的没错。他是他们班上的老大。才短短两天的时间，大卫便看出这一点。孩子们总是追随他，想要和他一起做些什么，想要和他做朋友。也许是因为够聪明的话就把他当朋友，别当敌人。

见到他班上的两个同学在操场上踢足球,大卫往他们的方向走去。其中一个男孩叫亚伦,人好像还不错。大卫想不起来另一个男孩的名字。来到柏油路旁边,大卫停了下来并看着他们。亚伦和那个男孩似乎没有注意到他。大卫不觉得他该要求加入,因为他最不会待人接物了。

人们是如何交朋友的呢?看别人做好像都很容易。大卫经常在各个团体活动时在旁边厮混,希望也许有人会注意到他,和他讲话,希望有人能够给他时间回答。有时候,他会努力表现出友善,好让其他孩子们知道他想要交朋友。可是总是一无所获。有时候他们会激他打架,就像昨天那些孩子一样,不过大多数人都无视于他的存在,把他当成空气。

大卫疲惫地转身,缓步走向学校。"最痛苦的事"第三条,就是没有朋友。第四条是,你必须勇敢面对,才不会让别人知道你内心的害怕。

梅 比

下课钟声最后一次响起,大卫背起背包,冲过操场,来到街上。一大早,他已准备好清扫铁皮屋的工具:一块擦玻璃的抹布;几个厚纸板可用来挡住从破窗户灌进来的风以及一支小扫把。他本想拿一支真正的扫把,那样才可以扫掉所有的落叶和杂草,只是那样的一支扫把无法偷偷装进他的背包里。

他来到学校外的角落,突然间,有人从背后抓住他的背包,并把他推倒在地上。大卫翻过身,看见罗尼、羊毛鬈发小子以及一个大约十三四岁、看起来很胆小的男孩。

"我要好好地教训你,小鬼,"年纪比较大的男孩说,"敢打我兄弟的人,都不会有好下场。"

"没错,你这个白痴智障,"布兰登说,并对着空气拳打脚踢,"教训他,卫斯理。"

大卫没有选择,只能先下手为强,因为卫斯理的块头比他大。于是他使尽全身力气,朝卫斯理的下巴不偏不倚地挥去。卫斯理痛得又咧嘴又跺脚,他立刻回敬大卫一拳。

挨了这一拳后,大卫没有机会了。卫斯理连番挥拳,一直打到大卫倒地。趁着卫斯理和罗尼轮番殴打大卫时,布兰登扯掉大卫的背包,并将背包内的东西到处乱倒。

以前在赫顿家时,有个小伙子很会打架,还教了大卫一些招式,只是要他以一敌众,终究还是挡不住对方连番的拳头。他唯一想做的就是站起来,这样才能有公平对打的机会,但他无法站起来。几个男孩不停地打他,直到他躺平在地上,无法挣扎。然后几个男孩站起来,好似终于完成一件肮脏的工作,拍掉身上的灰尘并纷纷走开。只有罗尼停下脚步回头看,"你这个娘娘腔。"他说,并对大卫吐口水。

大卫摇摇晃晃地站起来,小心地检查伤处。他收拾好散落在地上的物品,开始往街尾的草原走去。他带着又痛又气又觉得自己蠢笨的心情,挤过铁丝网围篱,快速奔过那片干枯、荒凉的冬季草原。小峡谷就在他的右边,但他并没有下去,只是继续往前走着。

大多数时候大卫都觉得气愤。他真的不知道为什么,那是一股怒火,就像一只老鼠在他的大脑里乱钻一样。他来到小圆丘旁,开始拣起石头猛丢。用力地丢。热辐自导引式飞弹。它并没有在寻找任何热引,只是它的名字听起来就让人觉得很危险。他丢得太用力,连肩膀都痛了。

在小圆丘的另一边,一丛丛浓密的山艾树耸起于草原间,就像一个个穿着不合身的衣袍的鬼。他抬起脚踢一株灌木。他曾在电视上看过飞弹,看到它被藏在荒寂的、乡下的地下筒仓里,只要总统按下一个红色按钮,它便会从秘密的门内升起来,发射出去,寻找敌人的踪影。大卫想象着他体内某处的金属门被拉开,当他踢着山艾树时,飞弹便从他的脚趾发射出去。咻咻,在他的腿下方。脚趾外露。发射出去轰炸掉卫斯理的头。踢是发射飞弹的唯一方法,避免它们在里面爆炸,将他摧毁掉。大卫猛踢山艾树,把细小的灰绿的叶子踢得有如爆炸般山响。

当大卫踢着一丛山艾树时,一只大鸟突然从草丛后方飞起来。一开始大卫并没有看清楚那是什么鸟,它没有飞远。它朝他飞回来,停在地上。

一只猫头鹰?他从没有这么近距离地看过猫头鹰,但它绝对是只猫头鹰。它不喜欢他在这里。它振动翅膀,高声嘎叫,朝他走过来,然后退后,然后又过来。

就像罗尼一样，它发出枯燥的声音，步伐好笑。有人说罗尼选修舞蹈课。跳舞这种事会让所有的男孩感到尴尬，但罗尼却拿它来炫耀。炫耀他的老大身份，因为没有人敢拿这件事来取笑他。

笨鸟，跳起舞来就跟罗尼一样。大卫拣起一粒石头，朝猫头鹰扔过去。猫头鹰吓得大叫，振翅飞起。

但没多久，它又回来了，就停在附近的草地上。它再一次跳着和刚才一样的笨拙的舞步。大卫又拣起一粒石头朝它扔去，这次差点就打中它。

当他靠近那只鸟时，才赫然发现它为什么飞不远。在山艾树下有一个小小的鸟巢，里头有两颗蛋。他的怒气就像被禁锢在身体里面的飞弹，他一心只想毁掉那个鸟巢。

"让我——我来告诉你谁才是老大！"大卫对那只鸟吼着，并踢那个破烂的鸟巢。一颗鸟蛋立刻摔下地，四分五裂。他一边追着那只鸟下斜坡，一边拿石子扔它，直到它振翅飞离。

那一刻，大卫有种因热导弹命中目标所产生的快感。但是这种感觉瞬间即逝，剩下的只是疲累、潮湿的感觉，好像有人把一盆肮脏的洗碗水泼在他头上一样。

他疲累地爬回高处寻找鸟巢的下落。真是只笨鸟，竟把巢筑在平地上。他并不知道那其实是猫头鹰的习惯。也许它是只智障猫头鹰吧。

泥土上的足迹引导他找到鸟巢。第二颗鸟蛋已经落到山艾树底下。它又小又白,看起来很平常,不过要比其他蛋圆一点儿。大卫捡起它。也许它是一只智障猫头鹰,才会在平地上下蛋,正常的猫头鹰都会在树上下蛋的。

一时不知道该如何处理那颗蛋,大卫将它放进口袋里。然后他开始走下斜坡。他也许可以顺便到铁皮屋看一下,反正正好顺路。

滑进峡谷,沿着小溪前行便来到铁皮屋,大卫推开门走进去。卸下肩上的背包,他从里面拿出准备修缮铁皮屋的工具。

"你在这里干什么?"

大卫吓了一跳,转过身去。

他班上的那个女同学就站在门口。那个看起来像六岁女孩的同学——梅黛玲。

"你到底在这里干什么?"她又问,她的口气可不像个小女孩的,仿佛在下命令。

"你到底——底在这里干什么?这——这是我的地方。"

"不，才不是。"

"是——是，就是。"

"不，不是。"

"是我——我发现它的。那边那个厚纸板就是我的。我——我正在修理窗户。"

她长得并不漂亮，身材扁平，相貌平凡。一头金发稀少秀亮，只是不适合留这么长。她有着翠绿色的双眼，还有一身好似不曾出门晒过太阳的白皙皮肤。

大卫非常希望此刻她仍躲在屋内。

"你不该在这里的，"她煞有介事地说，"这不是你的土地。这个地方是我父亲的，所以它也是我的，你是非法闯入。"

大卫知道要对付她是易如反掌，因为她的身高还不到他的肩膀。他觉得她不会冒这种险，她的表情看起来不会想要冒险。但她看起来也不想离开。

"我说，你不应该在这里。这不是你的地方。"

大卫耸起双肩。这个动作令他显得凶恶。他在镜子前练习这个动作很多次了，此时摆出这个姿势，也许可以把这个看似脆弱的小女孩吓回家。

"如果你不听我的话，我就去叫我爸来，"她说，完全无视于他的表情看上去有多危险,"如果我和他说你在我们家的地方游荡,他会去报警的。"

大卫不希望那样。万一有人报警抓他,米洛太太就会知道,但他又不想离开这间铁皮屋。如果她的笨父亲真的拥有这块地,那显然他不知道如何好好照管它。这里真是支离破碎。说穿了,就是块废墟。大卫至少还能多少使用它,不会伤害它。他沮丧地将双手插进口袋。

他摸到那颗蛋。

这让他想到,如果他把蛋给她看,也许她就不会威胁要去告状。或许她不曾这么近距离地看过猫头鹰的蛋。或许她会觉得他有那颗蛋是件很酷的事。

大卫从口袋中掏出蛋,张开手掌给她看。

"那是什么?"她问。

"一颗蛋。"

"我看得出来它是一颗蛋。我有眼睛。问题是,你的口袋里怎么会有一颗蛋?"

"它——它是一颗猫头鹰的蛋。"

大卫看得出来它引起了她的注意。她走近。"我可以看看吗?"她问。

大卫攥起手。

"拜托啦。"

他张开手。

梅黛玲将它拿起来:"你在哪里发现的?"

"我——我出来散步,这颗蛋就飞了出来。"

"你不该碰它的。你碰了那些蛋,雌鸟就再不会回到鸟巢里,那些蛋就只能在那里等死。其他的蛋呢?"她问。

大卫摇摇头。

她轻轻地把蛋翻面:"可以给我吗?"

"不——不行。它是我的。"

"你要这颗蛋做什么?"她仍握着它,细小的手指护着白色的蛋。

"它是我的。是我发现的。"

"这个我知道,但你拿着它也没什么用啊。如果把它给我,我就可以孵小鸟。"

"怎——怎么孵?"

"我爸爸有个旧的煤油孵蛋器。我可以清理一下,把蛋放到里面孵。"

"梅——梅黛玲,把蛋给我。"

"别那样叫我。从没有人叫我梅黛玲。"

"老——老师就那样叫啊。"

"所以她才会成为无名小卒，知道吗？"她说，轻轻地瞪他一眼，"如果你想要做我的朋友，就要叫我梅比。"

是谁说要当朋友的？大卫只想把他的蛋要回来而已。

"你知道梅比是谁吗？"她问，"梅比是一个仙子皇后。那就是我！"她开怀地笑了起来。

大卫瞪着她。一个五年级孩子绝对不会对别人说这种话的，说什么你是仙子皇后之类的话。

她把蛋握在胸前，说："那么，我可以拥有它吗？"

"不——不行。那是我的。我发现的。"

"可是是在我爸爸的土地上发现的。"她回答，一点儿都没有要把蛋还给他的意思。

大卫重重地叹气。他不想和她抢那颗蛋，因为那可能会把蛋弄破，这样一来他们谁都得不到。可是他也绝对不会让她把蛋抢走。

"再说，你拿这个蛋做什么呢？"梅比问，"我可以孵它。你不行啊。你只会把它放到臭掉，你要一个臭蛋做什么用？"

他们站在那儿互瞪着彼此好久。

"这样好了，"梅比最后不耐烦地说，"我想你可以帮我。"

"帮——帮你什么？"

"孵蛋啊，笨蛋。"

猫头鹰的蛋

"你几岁?"大卫趁梅比带他到谷仓时问道。

"九岁。就快满九岁了。"她攀过一个镀锌的喂食容器,伸手去拿孵蛋器。那是一个老旧的、桶状的、看起来破烂的、锈了的金属盒子,上面有一个小小的玻璃盖子。"你得把煤油放到里面,"她说,用手指敲了敲盖子,"铁皮屋里面没有电。"

"快满九岁?那就是八岁啰?"大卫问,"如果你只有八岁,你怎么会读五年级?"

"我跳级啊。两次。快点,我们必须把这个地方打扫干净。我告诉你去哪里拿水。"

"你是天才吗?"

"谁知道呢。"梅比冷漠地回答,流露出此事不值得一谈的表情。

"你是吗？"大卫仍不放弃，因为他想知道。他从没遇过一个真正的天才。

"你除了会问些笨问题，什么都不会做吗？"她没好气地回答，"我和其他人一样，很普通，平凡，但又有所不同。懂吗？"她看着大卫，"我是说，那就好像我问你你为什么口吃一样。你会有什么感受？"

"人——人们一天到晚问我这样的问题。"

"唉，人们也一天到晚问我这个问题，我讨厌那样。不过，我们必须专心把孵蛋器弄好，不然会来不及的。"

大卫跟随她走进谷仓的另一端。"你——你真的觉得我们有办法孵这颗蛋吗？"在他的口袋里，他的手正护着那颗蛋，手指轻柔地摸着它。

"我们以前孵过很多蛋，"梅比答道，"大多数是鸡蛋，但我也曾孵过一些雉鸡蛋，还有鹅蛋，鹅蛋真难孵。"

"那你——你怎么处理猫头鹰的蛋？"

梅比耸耸肩："就孵它啰。看看会有什么结果。我喜欢做事情，因为可以观察它的结果。"

他们两人合力将孵蛋器搬到铁皮屋里。孵蛋器虽然不大，却很重，加上梅比已先将煤油放了进去，搬起来便更沉重。

大卫一边走,一边瞟着她。她真的是个天才吗?虽然他进这个班才几天,他已经看得出来她是最聪明的学生,但是聪明人和天才之间还差一大截。除了天才这件事外,她看起来和他没有两样。她看起来实在再平常不过。

可是她才九岁耶!

把孵蛋器搬到铁皮屋的过程中,最困难之处是在走下峡谷时要保持孵蛋器的平衡,以免里头的煤油洒出来。大卫因为个头高很多,所以走在前头,努力稳住孵蛋器,好让梅比跳下来。

"我们把它放在那里吧,"一进铁皮屋她立刻说,"这样当我们打开门时,火才不会被风给吹熄。"

梅比从口袋里拿出一小盒火柴,她跪了下来,拉开火柴盒,拿出一根火柴。"看,你可以从这里点火。然后转这个把手,你就可以调整火的大小。"

大卫很清楚,八岁大的孩子点火柴纯粹是为了好玩。梅比却慎重地点燃火柴,然后利用孵蛋器上开的一个小洞放进去。一股淡淡的、刺鼻的、不熟悉的味道飘了上来。

"我们得查查要温度多高才行。"梅比说。

"为什么?"

"因为温度必须正确啊,笨蛋。温度太低会孵不出来,温度太高会把蛋给煮熟,那当然不是我们的目的吧!"她露出微笑,"来,把蛋给我。"梅比伸出手。

大卫从口袋里拿出猫头鹰蛋。梅比轻轻地将它放进孵蛋器里,并盖上盖子。

"还有一件我们要查清楚的事情,就是要花多少时间孵蛋。你想要研究这个问题吗?那我就可以去查温度。"

研究?大卫感到一阵恐慌。这里有个天才女孩,她可能已经都读到大学课本了。他又怎么能承认自己连连环漫画都没看过呢?

"我没有关于猫头鹰的书。"

"上网查啊。"

"我——我没有电脑。"

"那么,图书馆呢?"大卫从她的口气听得出来,即便是白痴也会查得到。然后她的口气变得温柔了些。"我是说,我想自己去图书馆查,但是我必须搭校车回家。你住在城里,所以你去比较公平。"

大卫紧张得心脏狂跳。

梅比恼怒得双肩下垂。"难道所有的事情都必须由我来做吗？你就不能帮帮忙吗？那去学校图书馆呢？"

学校！要是罗尼和布兰登看到他和一个八岁大的女孩厮混，不知自己会有什么下场。

"也——也许不到学校去比较好。也——也许我们可以把这件事情当成秘密？"大卫建议。

"为什么？"梅比问。

"你不想有人弄坏这个蛋吧。万——万一被他们发现就糟了。"

"我觉得没有人会来这个地方。"梅比说。

"我——我就会，不是吗？我觉得我们最好假装彼此不认识。这样比较安全。"

梅比歪着头，给他一个令人玩味的表情。大卫对自己的说谎行为感到内疚，但她或许反而会觉得高兴，因为可以不用担心被人发现她和一个口吃的孩子在一起。

"我——我要走了，"大卫说，"天就快黑了。"

"那你明天会来吗？"

"为什么？"

"我们必须每天照顾它。"

大卫扬起眉毛。

"我是说，必须你愿意才行。不过它是你的蛋，我不想让你觉得我想把它从你身边偷走或什么的。我只是不愿看到它就这样被浪费掉了,我觉得这件事很好玩,"她说,"你不来也没有关系,反正我很乐意自己一个人照顾它。"

"不——不。我会来的。"

亚瑟王

隔天在学校时,梅比真的很酷,她完全不和大卫讲话。

大卫倒是不停地注意她。她的座位就在老师的桌子旁边,所以大多时候他是看不到她的脸的,只看到披在她背上那毫无光泽的头发,不过他倒是另外有不少发现。例如,有一些天资聪明的孩子,大多是女孩子,她们不但拍老师的马屁,求学的心态也显得功利化。梅比不做那种事。

他还注意到,在他们选择英语课的小组成员时,他们宁愿选择他这种资质不佳的人,也不愿和梅比一组。

哈洛威太太说:"没有关系,梅黛玲,你自己一个人做没有问题的。"而梅比似乎不在意自己一个人一组。事实上,大卫注意到她几乎都是独自一人,她不爱和同学打交道,不论下课时间玩球,或在午餐时看书,她总是一个人。

大卫要求梅比在学校时不要和他讲话，但内心又对此感到内疚。他不希望自己因为认识她而感到尴尬，但他真的很尴尬。如果他只能和一个小他三岁的小孩交朋友，大家一定会觉得他很可悲。

大卫随时都在注意罗尼和布兰登的举动，但由于布兰登坐在前排，大卫只能看到他的后脑勺。大卫其实并不怕布兰登，不过罗尼可就另当别论了。当他们鱼贯进入教室时，罗尼一直盯着大卫的眼睛。他没有做什么，也没有说什么，只是盯着他。大卫明白那是种老大的眼神，那种眼神是在警告他，要他别忘了前一天中午发生的事。

为了不让孩子们穿越高速公路上下学，学校规定住在郊外的孩子必须搭校车。梅比的家虽然不是很远，但也一样要等校车。这表示大卫必须先到铁皮屋。

来到铁皮屋，大卫蹲下来，透过孵蛋器上那小小的玻璃窗望向里面。他看不太清楚，因为玻璃老旧，表面上积着一层擦不掉的灰尘。他掀开孵蛋器的盖子，把那颗蛋拿出来。它暖暖的。大卫将它放在手心上翻来转去。

"不要拿出来！"

大卫被吓了一大跳，那颗蛋差点掉在地上。

"难道你不知道那样做会对它造成伤害吗？"梅比说，同时关上铁皮屋的门。

大卫立刻将蛋放回孵蛋器中。

"如果你经常动那颗蛋，你会害蛋里面的小鸟受伤的。"梅比的声音变得柔和起来。

"我——我不知道会那样。"

她吃力地拖着一个锡罐子："我带来这个，我们得把煤油槽填满。现在温度多少？"

火焰的后方插着一根长长的温度计。他拉出温度计的手柄。其实，他从不曾使用过这种温度计，不知道该如何读温度，只好学着电视上所看到的那样，将温度计转来转去。"温度还好。"

"多少度？"

"我——温度刚刚好。"

"到底多少度？"梅比追问道，"你不会看吗？给我好了。"

大卫说："我——我需要戴眼镜才能看得清楚。"

"哦。"她回答，似乎相信了他的说法。她举起温度计，仔细看着。"一百零二度（华氏）。我不知道孵猫头鹰的蛋要特别注意些什么，不过我想这样的温度应该可以。孵鸡蛋就需要这样的温度。"她把温度计插回原处。

两人同时靠过去,望着孵蛋器内的猫头鹰蛋好一会儿。

"我们该给它取个什么名字呢?"梅比说。

"取——取名字?那是一个蛋耶。"

"我知道,可是我们还是可以给它取个名字啊,因为它很快就会变成一只猫头鹰了。"她笑着对他说。她的眼中闪着小女孩会有的亮光,好似她想到芭比娃娃或什么的,"我喜欢取名字。你不喜欢吗?"

倒也不是。只是他不曾想过这种问题。

"我觉得我们应该叫它鸱鸮。这是猫头鹰的拉丁语名称。"她说。

"亚瑟王。"

"鸱鸮是它的生物学名字。我昨晚才查过字典。"

"叫——叫它亚瑟王。"

"它也许是只雌的猫头鹰。叫它鸱鸮没有关系。更何况我喜欢这样喊它,听起来很有趣。"

他们两人又靠向孵蛋器,差点就撞到彼此的头,大卫还可以闻到她头发上的洗发精味道。"我觉得叫亚瑟王比较好。"他赶紧说。

大卫在脑海中已看见这只王者之鹰的模样,英挺,威严。

更重要的是，这是他的猫头鹰。

"它只是一颗小小的蛋，我觉得配不上亚瑟王这样的名字。"梅比说。

但大卫觉得一只英挺、威严的鸟，不该取一个像鸭鹑那样的笨名字，他还来不及说，梅比又开口说话了。

"亚瑟王这个名字富有魔幻色彩。那很好。我喜欢这样的名字。这也正是我之所以叫梅比的原因。"

大卫不理她。他正幻想着这只猫头鹰在草原上高飞的模样，它的翅膀又宽又安静。像个猎人。一名杀手，向猎物俯冲而下，静静地滑过黑暗。带着战利品回到他的身边。他的猫头鹰。回到他身边，因为它属于他。

"你知道吗？"梅比说，"在有骑士的古代，他们常常训练猫头鹰帮忙狩猎。猫头鹰、鹰和隼，全都是善于捕食的鸟类。"

"也——也许亚瑟王也养过猫头鹰。"

"卡通里的亚瑟王的确养过猫头鹰。你看过那一段吗？"

大卫摇摇头。他谈的不是卡通里面的鸟或者卡通里面的国王。

"那些故事也许是捏造出来的，"梅比说，"就像灰姑娘故事里的那些鸟儿一样。它们并不是真正存在。我家里有一本《亚瑟王传记》，里头没有提到任何关于猫头鹰的内容。"

"真——真的吗?"

梅比扬起眉毛。"真的。我没有读到任何关于猫头鹰的内容。这有什么好奇怪的呢?"

大卫不是这个意思。他的意思是,她家里真的有一本《亚瑟王传记》吗?也许她可以带到铁皮屋来借给他看。他想开口向她借,但一直没机会,因为梅比一直讲个不停。

"如果你喜欢亚瑟王,那你就应该去读《魔戒》。我觉得那个故事比较好看。如果你想读的话,我可以借你,那是我过生日时收到的礼物。"然后,突然间她的脸亮了起来,"嘿,我知道了!我们就叫它亚拉冈!在《魔戒》的故事中,亚拉冈是一个非常棒的人。他也是个国王,但比其他国王还要酷。亚拉冈是一个十分完美的名字。"

不行。大卫一点儿也不觉得这个他一无所知的人酷。一定要叫亚瑟王。

大卫急着要把这想法告诉梅比,还来不及开口,梅比又说话了。梅比真是有说不完的话,而且语速又很快。每当大卫想要开口说些什么时,她便又说起别的话题。

"你一定要读读那个故事。你要借《魔戒》吗?我明天就带给你。"

莉莉来电话了

星期一下午的课间,大卫问值班老师,可不可以让他使用休息室。之后,他心想也许该去看看梅比。她早上去看牙医,所以她必须利用下课时间补课。也许他今天可以和她说说话。对于在学校里不理她一事,他感到很内疚。

走到教室门口,听到里面传来另一个人的声音,大卫停下脚步。在教室的两边,各有一个长长窄窄的窗户。若是站对位置,他便可以不被发现地偷窥里面的一切,于是他轻手轻脚地走过去。

是罗尼。

一定是道森太太指派他工作,要他把周刊发到各个班级,因为他的手上正抱着一个大盒子。他走到后方的桌子旁,开始把新杂志拿出来。

梅比背对着门,所以大卫听不清楚她在说些什么,罗尼显然很生气。他走到她的桌前,伸手抽掉她手中的铅笔。

"还给我!"梅比大声喊道。

"喔,我是不是听到一只老鼠在吱吱叫啊?"罗尼说,他把手贴近耳朵。然后他用手指玩弄着铅笔,并重重地往桌上一拍,铅笔顿时断为两截。

"住手!"梅比大叫。

"你不该玩铅笔的,"罗尼回答,"这东西对小孩子太危险了,难道你不知道吗?"语毕,他拿起她的铅笔盒,从里面拿出两支铅笔,以同样的手法弄断它们。

梅比哭了起来。大卫想要进去要求罗尼赔钱。他可以轻而易举地打倒罗尼,到那时候,该哭的人就是罗尼了。

想归想,大卫并没有这样去做。他只是站在那里,看着事情发生。罗尼把梅比的铅笔盒丢在地上,然后抱起装着新杂志的盒子,头也不回地朝门口走去。大卫不希望自己的行踪被发现,急忙跑到位于走廊另一端的置物柜前,并迅速打开它,假装在拿东西。

"嘿,智障。"罗尼走出教室时说。就在擦身而过时,他突然转身,"啪"的一声关上大卫的置物柜门,故意要让门打到大卫的头。大卫及时伸手抓住门。罗尼对他比画了一个下流的手势，然后走进隔壁班教室。

*

大卫往前走到梅比的教室前，看见梅比正背对着门坐在里面。她的铅笔都没了，这下她再也无法做功课。

大卫想进去送她一支铅笔，毕竟梅比要是因没有铅笔做功课而惹恼哈洛威太太，那就太不公平了。

大卫这样想着，也真的很想这样做，只是不知为什么，他的脚好像粘在地板上一样，动弹不得。他只能继续站在那儿，继续想着他要怎么做。然后他转身，再次走到操场上。

放学后到了铁皮屋里，大卫用指尖敲敲孵蛋器上的玻璃窗。"嘿，亚瑟王，"他轻声唤道，"你——你好吗？"

在观察那颗蛋时，一种愉悦感漫过他的身心。虽然他一直很想养宠物，却不曾如愿过。以前住在安德森家时，他们家养两只猫，分别叫作篮子和蓝色，蓝色并不全是蓝色，它是一只虎斑猫。篮子则是一只黑白混色的猫。真的，大卫好爱那两只猫。离开它们时，大卫难过得有如被剥了层皮。

"你把蛋翻面了没？"梅比走进铁皮屋时问。

大卫摇摇头。

梅比小心地打开孵蛋器的盖子:"既然你都先到了,如果你愿意的话,你可以当翻蛋手。"

"我们干吗要那样做?"

"那样可以让小鸟健康地成长,否则它会位置不正,到时候就会胎死蛋中。在鸟巢里,鸟妈妈会翻蛋,现在在孵蛋器里面,就得我们翻。"

大卫十分惊讶每天有这么多事情要做——检查温度、添加煤油、把水槽加满以保持湿度、翻蛋。他很难相信,从蛋白与蛋黄里面竟会孵化出一只活生生的鸟。

*

在学校的时候,大卫怎么都提不起勇气拿一支铅笔给梅比,现在,他觉得至少应该表达他的关心,至少让她知道他知道罗尼欺侮她的事,他能体谅她的遭遇。他从背包里拿出一支铅笔,放在孵蛋器旁的地面上。

梅比仍然讲个不停:"记得我告诉过你关于《魔戒》的事吗?结果你猜怎么样,我把书给你带来了。"她打开她带来的杂物袋子。"一共有三本,是同一个故事的三个部分。一定要照顺序读哦。"她将书拿出来。

这些就是书。不是绘本,而是书。梅比递给他。

她到底是从哪个星球来的？难道她不知道他正在上契斯贺太太的阅读课吗？

"拿去吧。"

大卫接过一本，打开它。里头没有任何图片。他很有把握地猜测里面应该不会有任何图片，不过他还是抱着希望翻着。印刷品质实在不怎么样。

"怎么？你不想要吗？"梅比问。大卫听出来她的失望。她原是一片好意，现在却觉得他不领情。

"我——我不想叫它亚拉冈。"大卫说，他想不到脱困之道，"我想要叫它亚瑟王。"

梅比闻言微笑了起来："没有问题。我并不是那么在乎。可是就算我们不叫它亚拉冈，你还是可以读这几本书啊。它和亚瑟王很像哦。"

大卫捡起他的铅笔："给——给你。"

梅比皱起眉："这是做什么？"

"今天下午下课以后，我看到你都没有铅笔写字了。"大卫意有所指地说。

"哦，对啊。"她的声音显得沮丧。

"你随时都可以用我的铅笔。记住。任何时候哦。"

*

那夜,莉莉来电。她说一周打一次电话是她的权利,但是她没有对象可以打,所以只好打给他。她说要是她有个男朋友的话,她就会打给她的男朋友,譬如,打给他三次,打给大卫一次。她绕着这个话题讲了十几分钟,仔细计划要如何使用她的电话权。

大卫试着要插话。他并不在乎莉莉的话题,而是想要告诉她关于猫头鹰蛋的事,不过他也知道莉莉对那种事情不感兴趣。再者,如果他真的说了,就一定会提到梅比。她要是知道梅比只有八岁,一定会嘲笑他和小孩子混在一起,但她如果不知道梅比只有八岁,她一定会笑他在交女朋友。如果他说梅比是个天才,那么莉莉是怎样都不可能相信的。

于是,他转了念头,说:"你猜我在做什么?我正在读《魔戒》耶。"

"什么是《魔戒》?"她问,终于丢掉了先前的那个话题。

"那是一套书。"

"从什么时候开始你竟然开始读起书来啦,笨蛋?少来了。讲点别的来吓我吧。和你住一起的那个女人怎么样?你的地方一定比我这个臭地方好多了。我会待在这个地方,大约,两秒钟。"

"不——不要逃跑，莉莉。那是很笨的行为。你就是爱逃跑，现在才会住在那里。"大卫回答。

"你说得倒轻松啊，大卫。你不知道这里有多难熬。"

他讨厌和莉莉讲话。

"也许这次我们应该去和妈妈住一起，"莉莉说，"我正在计划这件事。米洛太太跟我说妈妈现在就住在城里。"

米洛太太倒是没告诉他这件事。米洛太太唯一对他提到的是，这次莉莉无法去一个正常的寄养家庭，因为她太难控制了。不知道米洛太太是否有让莉莉知道这件事。或许没有吧。也许莉莉会觉得不知道更好。

大卫挂上电话后，葛兰尼爬上狭窄的楼梯来到他的房间。"一切都还好吗？"她问。

大卫正躺在床上。因为不想看她的脸，所以看着她的手。他觉得她的手令人着迷，瘦到皮包骨，手指看起来好像鸟爪。

"我猜你一定很想念你的家人，"她温和地说，"独自一个人来到这里，你一定很不习惯。"

别对我展开柔情攻势了，他心想，他知道他会哭的。大卫动了脑筋，想办法让她回到楼下。

她没有下去。他又想到一计。

"我可——可以问你一件事吗?"大卫说。

"当然可以。在这屋里,你想问什么都可以。"

"呃——呃——呃——"

葛兰尼满脸期待地望着他。

"你知——知道什么是《魔戒》吗?"

吵架了,又和好了

梅比不是个轻言罢休的人。第二天下午,她又带来那个杂物袋和另一本书来到铁皮屋。"拿去吧,"她说,"我带给你的,我猜这才是你真正想要的。"

它看起来一点儿都不像是大卫想要的东西。事实上,它看起来很无趣。那是一本淡蓝色表面、又旧又厚的书。书衣早已遗失,所以大卫无从猜测它是什么类型的书。

他翻开书。第一页的内容就很诡异,上面的画看上去像一面盾牌,两边各画着又高又丑的天使。不是绘本书,里面却有不少图片,都是老式的黑白线条图,有着细致的笔画线条。画中的女人个个长相奇怪,长发及膝,头上戴着皇冠;男人则身穿盔甲,骑着高头大马。

"是亚瑟——王吗?"大卫问。

*

"你瞎了吗？当然是亚瑟王。就写在这里啊。"梅比从他手中拿过书，立直书背给他看。

大卫把书抢回去："让——让我看看。"

他想不起这本书。完全没有印象。他记得的是一本童话书。这本书里虽然有图片，但看起来像大人读的。他翻寻着他记得的故事内容，如亚瑟王从石头拔出剑的那一段。

"你看不懂，对不对？"梅比问。

"我可以看得懂。"

"你看不懂，所以你不知道它是什么书，对不对？你根本看不懂。"

"我——我——我看得懂。我——我只是没有眼镜，所以才看不清楚。"

"你说谎。"

"我——我没有。"

"说谎。如果你真的那么需要眼镜，你的家人应该会买给你。"

"我——我没有和家人住在一起。"

梅比惊讶地瞪大眼睛："如果你没有和你的家人住一起，那么你和谁住？"

"我的寄养妈妈。"

"什么是寄养妈妈？"

现在换她问愚蠢的问题了。她如果真的那么聪明，怎么不知道答案呢？自从有记忆开始，他就知道寄养妈妈是什么东西，而梅比这个女天才怎么会不知道呢？他原本要告诉她答案，但舌头实在太不听使唤了。

梅比从他手中拿走那本书："事实是，你看不懂。"

这么多年来他一直想要读亚瑟王的故事，而此刻这个傲慢的女孩却想将它抢走，只因她觉得他是个笨蛋。只为了要炫耀她比较厉害、聪明而且年轻。只为了要证明那本书不适合他这种不聪明的孩子读。大卫气得高举紧握的双拳。

"哇噢，不要这么生气嘛。"梅比说。

"把——把书给我。"

"这是我的书耶，又不是你的，不要用那种口气和我说话。给不给你，要看我高兴不高兴。"

"我也知道你的秘密。"大卫气愤地说。

"你如果这么急的话，那你大可以离开啊。我不要你待在这里。"

"没有人像你这样。你没有朋友。学——学校里的孩子喜欢找你麻烦。我知道。我都看到了。可见你的人缘差又没有朋友。你还是个胆——胆小鬼,至少没有人敢折断我的铅笔。我——我会捍卫我自己。"语毕,大卫转身,头也不回地走出铁皮屋。

*

大卫怀着糟糕的心情回到葛兰尼家。如果朋友对待你的态度是这么恶劣,那么交朋友又有什么意义呢?他爬上狭窄的楼梯进了房间,重重地关上房门。

晚餐时间到了,大卫没下楼。他躺在床上,把枕头盖在自己的头上,这个动作可能会害他窒息。他曾在某个广播节目中听到一个女人因为把枕头盖在头上,在睡眠中意外将自己闷死。也许这种事情此刻就会发生在他身上。他希望它发生。

葛兰尼爬上楼梯。她穿着一件粉红色与白色相间的围裙,上面的图案很奇怪,看起来就像触毛和卫星。大卫认识的女人都不穿围裙,只有葛兰尼例外,这让她显得很传统。

"怎么了?"她问。

"我——我讨厌这里。"大卫喃喃地说。

"怎么回事?"

"这是个笨地方。所有东西都笨。"

"譬如什么？"葛兰尼在床边坐下。她有一头灰色鬈发。每天早晨梳理完毕后，发型就充满时尚感，只是忙碌了一天后，它看起来就像被一只猫睡过了一样。她一边说话，一边用手将蓬乱的头发拍平。

大卫转过身去。

"告诉我到底发生了什么事。"她说。

大卫不回答。

"说出来对你比较有帮助。"她说，并伸出手要摸他。大卫把身体移开。

一阵沉默。

"我——我的朋友梅比，和我同校的那个，她再也不是我的朋友了。"

"为什么？她做错了什么吗？"

"她侮——侮辱我。我讨厌这里。我希望我还是住在城里。"

"难怪你会不高兴。如果我的朋友敢侮辱我，我也会很生气啊，"葛兰尼说，"可是也有可能是一场误会哦，这种事情难免会发生。有时当我们心里受伤时，也会说出一些违背心意的话啊。也许梅比也一样觉得很生气呢。"

"她——她才不会呢。她清楚她在说什么。"

"好吧，我把你的晚餐留下来，也许晚一点儿你会觉得肚子饿。"她俯身拍了拍他的屁股。大卫一动也不动，虽然心里觉得怪怪的，但仍然任她拍。

葛兰尼离开后，大卫躺在安静昏暗的房中。他知道他不该那样说梅比的，说学校的孩子喜欢找她麻烦，说她人缘差、没有朋友。他也一样没有朋友啊，所以他有什么资格那样说别人呢？

可是，是她先开始的。

他感觉胃里沉甸甸的，好像吞了一条湿毛巾一般。事实上他是真的看不懂那个故事。她说的是实话，并没有侮辱他。

他的思绪飘到《亚瑟王传记》那本书上。他努力回想着里面的图片。它们画得是那么的细致，必须仔仔细细地看那些密布的细长线条，才能看清楚所有的细节。而他却几乎连一眼都没瞄到。

隔天在学校里，要避开梅比其实很容易，因为他们没在一起。下课和午餐时间，大卫都离开教室，靠在篮球场旁的墙壁上，这样他就不会看到梅比在门旁玩球。在教室里，他就专心认真地上课。他的认真还得到契斯贺太太的嘉许，她不只在他的阅读课作业上写下佳评，还多打了一个钩。

但他怎么也忘不掉那次争吵的画面。虽然梅比不在眼前，但她的身影却在他的脑海中挥之不去。万一他们无法和好，那该怎么办？难道就这样结束？那颗鸟蛋又该怎么办？那可是他的蛋，不是梅比的。问题是它在她的孵蛋器里面啊。她会让他继续使用那个孵蛋器吗？万一他去铁皮屋时被她发现，惹她生气，又该怎么办？如果他不去铁皮屋，"亚瑟王"能否平安无事呢？

他终究还是去了。他计算过了，如果动作快一点儿，他可以比梅比先到达铁皮屋帮"亚瑟王"翻面。

推开门，大卫悄悄走进去，掀开孵蛋器的盖子，小心地将蛋翻面。正要起身时，他注意到那个杂物袋就放在铁皮屋一角。大卫走过去将它拿起来，里面就装着《亚瑟王传记》。

书背上的字是银色的。大卫用手指抚摸着那些字，感受着它们被烙在上面的过程。他盘起腿，席地而坐。大卫翻开书，一页一页细看着里面的图片。

真是很奇怪的图片。所有的女人都有着细长、如精灵般的眼睛。所有的男人都长发及肩。当他们脱下盔甲时，看起来好像是穿着袜子到处走，其实那可能是套着某种靴子。虽然那些图片看起来很奇怪，不过大卫很喜欢。它们的画工是那么细致，不但可以仔细研究，还可以找到更多值得一看的东西。

他一眼就认出了巫师梅林，虽然混杂在一堆图片中，但梅林看起来就是大卫想象中的样子，有着长长的白胡子和白头发，还有一顶尖尖的巫师帽。很快地，他认出了另一个男人就是亚瑟王。

因为太过专注，以致梅比突然出现时，吓得他把书都掉到了地上。他迅速将它捡起来，并放回杂物袋中。

突如其来的沉默有如针刺。

"我——我很抱歉，"大卫轻声说，"我指的是，昨——昨天下午的事。"

梅比耸耸肩。她没有立即回应。

"我——我很抱歉。真的。我不应该发那么大的脾气。"

"我没有要害你难过的意思。"她说，她的声音有些急。

"我——我知道。"

"我并没有你想的那么笨。我能够体会能力不如人的感受，"梅比说，"我也有同样的遭遇，一切只因为我的年纪太小。就像去年春天，我们班为了庆祝学期结束，决定到水上乐园玩，却只有我不能玩大型滑水道，因为我的身高不够高。从头到尾我就只能待在孩童滑水道，那让我觉得很丢脸。我真的能体会你的感受。我讨厌大家老是注意我不会做的事情，所以我绝不在大家的面前做那些事。"

"我不是故意要那么生气的。我为我说的话感到很抱歉。我讨厌恐吓，所以自己也不该说那些话。"

"还好啦。"

一阵沉默。

"你看不看得懂那本书，其实都没有关系。昨晚我想了又想，觉得并不需要我们两人都看得懂才行。你可以做别的事情啊。例如打扫孵蛋器。它实在太重了，我一个人动不了，但是你可以。至于读故事的工作，就由我来做吧。"

大卫点点头。

梅比弯腰拾起装着《亚瑟王传记》的杂物袋。

"还是朋——朋友吗？"大卫问。

她点点头，露出拘谨的微笑。

然后她从袋里拿出书。"我一直在想，我是说，如果你不觉得这是件蠢事的话，我可以朗读这本书。"

梅比讲故事

他们不知道孵一颗猫头鹰蛋需要多少时间。梅比说孵鸡蛋要二十一天,鸭蛋要二十八天。他们在三月二日把蛋放进孵蛋器中,所以梅比推算孵化结束的时间应该就在月底的某一天。

他们每天下午都去铁皮屋。大卫总是先到,将蛋翻转,然后等梅比到来。她来了之后,就会从杂物袋里拿出《亚瑟王传记》,开始大声念书。

坐在昏暗的铁皮屋中,听着亚瑟王的故事,让大卫有一种非常祥和的感觉。梅比的亚瑟王故事与他记忆中的差异极大。这不是一本童书,连梅比有时都觉得读起来有些吃力,因为故事中的人物会说一些奇怪的话,例如:"吾将接受汝的挑战,不知名的骑士们,而当吾打败汝后,吾会把汝让给那些美丽的女士们,去当她们的奴隶。"

由于用词实在太奇怪,大卫常常听不懂故事中的人物在说些什么,不过无所谓啦。当他躺下来放松时,他便会习惯那些角色的腔调。虽然并不是每句话都听得懂,但在他的脑海中仍构成一幅幅美丽画面。

某天下午,大卫买了整整一个背包的欧力饼干,带到铁皮屋里和梅比分享。又有一次,他带来一整盒的全麦饼干。梅比说她可以拿到免费的牛奶,因为她爸爸养乳牛,她知道如何从杀菌桶中盛出牛奶。她从不曾带牛奶到铁皮屋,不过有一次倒是带来了一大瓶的可乐。他们高兴地喝着可乐,大卫喝得直打嗝。梅比吹嘘说她有办法让自己打嗝,并表演给他看,但大卫说她那样不够厉害,他比她更厉害。然后他用力发出一个最响的嗝,害梅比笑到从鼻子里喷出可乐来。

*

有时他们会因为聊得太投入,而忘了读故事。有一次梅比问:"你在寄养家庭住多久了?"

"从我——我四岁就开始了。"

"哇噢,那是一辈子耶。你讨厌这种事吗?"

大卫耸耸肩:"我——我没有什么特别的感觉。"

"远离你的家人你难道不难过吗?"她问。

"我也不太记得我的家人。"承认这件事他有点胆怯,整个脸霎时红了起来。

梅比倒是表现得很平静,没有露出那种——他家发生了可怕的悲剧,所以爸爸妈妈不得不放弃孩子;或者他和莉莉都有严重的问题,让他们的爸爸妈妈想要放弃他们——的表情。她只是淡淡地说:"那一定很让人感到害怕吧。"

*

又有一次,大卫问:"为什么你叫梅比?"

"我妈在大学时期主修的某一课程里,读到关于梅比皇后的一首诗。我妈妈曾念这首诗给我听。我那时好像五岁。

"梅比皇后真的真的真的是一个非常美丽的童话故事。比任何童话都美丽。你可以看穿她的身体。她不完全是透明的。在诗里有各种形容词,我想不起来了。总而言之,她是个超级美女。诗中还提到她的美令所有人害怕。她还开着一部豪华的车子。"

"怎么可能会有东西美到令人害怕呢?"大卫问。

"我想那是真的。你不信吗?有些东西实在太美妙或美丽了,所以当你靠近时会感到害怕。有点类似有时候你会高兴到哭的情形。"

"还——还有一件事。我——我不知道童话人物还可以开车到处逛。"

"老实说,我也不知道。可是诗里是那样说的。"沉默了数秒之后,"其实,"梅比缓缓地说,"那首诗中有很多地方很复杂,我不了解。不过车子的部分确是如此,我对此也感到很惊讶。"

"也——也许是劳斯莱斯。"大卫说。

"或者是凯迪拉克。很豪华的车子。"

"或——或许是一辆敞篷车。以后我要是有钱,我就要买那种车。"

"反正,我就是很爱那首诗,"梅比说,"我经常编一些关于梅比皇后的故事,还找人演出。"

"就像我和亚瑟王那样。"

"没错,我就差一直穿着粉红色蓬蓬裙、戴着银色王冠到处跑了,"梅比说,还大笑了起来,"我妈妈倒是觉得那样很可爱。从那以后,人们便开始喊我梅比。"

*

两人在铁皮屋里玩得这么高兴是件好事,因为学校里一点儿都不好玩。大卫不喜欢哈洛威太太。她表面上看起来是个很和善的人,年轻又漂亮,但她其实是个老顽固。她只知道要求学生坐好、安静、考高分。她沉迷于考高分的魔咒中，总是不停地提醒大家距离学业测验只剩下不到一个月。听起来好像她的班级必须拿下五年级第一名，否则班上的学生就没有好日子过。更严重的是，她还成立了"更努力俱乐部"，当然不是真正的俱乐部，这只是她惯用的一种表达方式。每当大卫对做功课感到厌烦时，她便会说："你想加入'更努力俱乐部'，是不是？"他很想回答："我才不想加入你那令人恶心的早餐俱乐部呢。"但他不敢。

真的，大卫也不喜欢他的班级。米洛太太告诉过他，这个班级会比他的上一个更好。上一个是一所"难缠"的学校的班级，她说。而现在是一所"美好"的学校，所以会是一个"美好"的班级。唉，表面上看起来是这样，米洛太太，但是你错了。

像罗尼和布兰登这种随时需要留意的孩子虽然为数不多，但他们老爱欺侮和善、守礼的孩子。哈洛威太太对此总是袖手旁观。大卫不知道她知不知道有这种情况，或者她觉得应该"让孩子们自己解决"，所以才会袖手旁观。无论如何，他完全感受不到它的"美好"之处。

10

宝 剑

　　铁皮屋里是完全不同的世界。有天下午,梅比读到亚瑟王得到他的宝剑——石中剑——的过程。那把神奇之剑,是由湖女王所赐,湖女王是住在水底下的超自然女人。有一天,她从水底伸出手,高举着宝剑送给亚瑟,因为她知道他才是真正的国王。

　　梅比读道:"亚瑟王接过宝剑后,湖女王的手臂立刻从水面消失了。此时他的内心涌起一股喜悦,因为石中剑远比他想象的还要美丽一倍。能够得到这把剑,他高兴得心都快要碎了。"

　　大卫觉得这段故事既神秘又有力量,要求梅比再读一次。

　　宝剑的样子清楚地浮现在大卫的脑海中,巨大、闪闪发亮、沉重。他能够体会亚瑟王内心的狂喜,因为他也曾有过那种感觉。

那时他八岁，坐在社服机构的办公室里，等着去一个新的寄养家庭，有位社服机构的女士给了他五元钱。她说，他要是乖乖地坐在那里，就给他五元钱当奖励。他也告诉她，他正努力存钱买只小玩具狗，只要在它的肚子里面装上电池，它就会边转圈圈边叫。她听完就给了他钱，所以大卫知道幸福的滋味是什么。

从铁皮屋回家的路上，大卫从地上拣起一根棍子，假装它是石中剑。他一下子将棍子向前刺，一下子在半空中挥砍。

进了屋，大卫看到葛兰尼正坐在火炉前煎猪排，整个厨房飘满了香味。"你拿着棍子干什么？从什么地方拿的？"她问。

"它是石中剑！"大卫意气风发地回答。

"石中剑？我已经好多年没听过这个名字了。你是从哪里听来的？从学校吗？"

"不是，"大卫说，他露出微笑，"我就是那么聪明。"说完，他便奔上楼梯回到他的房间。

*

大卫希望这根棍子就是石中剑。他在床上躺了很久，想象着自己带着这把神奇的宝剑出现在学校，不知那会是什么景象。

所有人一定都会围过来，七嘴八舌地问他从哪里拿的，而他会漫不经心地回答："是湖女王赐给我的。"大家闻言都露出震惊、不敢置信的表情。或许只有罗尼会问："谁是湖女王？"他太笨了，永远不会知道的。大卫微笑着。如果这个想象的画面真的发生，不知会有多酷。

他早该把功课拿出来做了，但他一直躺在床上幻想着亚瑟王、湖女王以及宝剑。他高举着棍子，心想也许他该将它擦亮些，然后挂在墙壁上。也许人们会觉得那只是一根无聊的棍子，其实他们并不知道棍子里面藏有神迹。

*

那晚莉莉来电。她不该打电话来的。她说一个星期只能打一通电话，现在打给了他，就无法打给她男朋友了。

"你和你的男朋友是怎么认识的？"大卫问。

"我们在嘉年华上认识的，"她回答，"那时他正在玩轧车游戏，就是你靠墙壁站着不动，然后它会绕着你旋转。你知道我说的是哪一种吗？就是你一直很害怕去玩的那一种啦。"

大卫不禁起了疑心。三月份根本没有举行任何的嘉年华活动。更何况她是怎么去的嘉年华呢？

"他有一辆摩托车，"莉莉说，"等我离开这里的时候，我们两个人便要去轧车。"

"你——你在说谎吧。"

"拜托,老弟,我当然没有说谎,满脑子奇怪想法的人是你,不是我。"

大卫没有说什么。

"你在那里还好吗?"

大卫满脑子装的都是石中剑、梅比和那颗猫头鹰蛋,他无法想象对莉莉讲这些事。她一定觉得太可悲了,他竟然还热衷于亚瑟王;更惨的是,他已经那么大了,竟还让一个小女孩读故事给他听。至于猫头鹰蛋嘛,她根本就不会相信。

"那个老女人长什么样子?"她问,"她会把你留下来吗?你还尿床吗?"

"我——我——我不尿床了。七岁以后,我——我就不尿床了。"

"哎呀,随便啦。你知道吗,跟你讲话就像在对牛弹琴。为什么你的生活总是这么无趣呢?我应该打电话给我男朋友才对。"

大卫不发一语。

"我必须挂电话了,老弟。你的生活过得有点无聊,我要让你知道我没有忘记你,毕竟血还是浓于水的嘛,对不对?要记住这一点哦。"

"好的。"大卫说,他挂上电话。

*

那晚就寝前,葛兰尼走进大卫的房间。她注意到地上的那根棍子:"你还把石中剑带到上面来。"

"我只是无聊玩玩而已。"他说,怕她取笑他这么大了还在玩棍子。

"小时候,"葛兰尼说,"我爸爸总是读亚瑟王与圆桌武士的故事给我听。还有关妮薇儿皇后。我不晓得现在的孩子是不是还知道那些故事。"

大卫穿着睡衣,背靠在床边的墙壁上。他试着想象葛兰尼还是小女孩时的模样,但实在想不出来。

"哈洛威太太会读亚瑟王的故事给同学们听吗?"她问。

大卫摇了摇头:"不——不会。"

葛兰尼怀疑地扬起眉毛。

"梅比。是她的书。"他犹豫地回答,"是她读给我——我听的。"一说完,他就立刻后悔说了这句话。他缩紧手指与脚趾,等着她的嘲笑,笑他们两个小孩子坐在地上,一个读故事,另一个听。

葛兰尼不但没有笑他，还问他："你最喜欢亚瑟王的哪一段故事？"

"当然是石中剑那一段。"他想要讲亚瑟王狂喜的那段故事给葛兰尼听。他在脑海中清楚地记得梅比讲的每个字，但却一个字也讲不出来。

他躺到床上，双腿伸到她的身体后面："我可——可以问你一件事吗？"

"当然可以。"

"在亚——亚瑟王的时代，他们真的会训练猫头鹰去打猎吗？"

葛兰尼想了一下："我知道他们训练隼和鹰。嗯，也许他们也训练猫头鹰。不过我并不确定。"

大卫露出微笑："总有一天我也要养一只猫头鹰。"

"也许养一只狗比较好，"葛兰尼回答，"或者一只猫也可以。它们才算得上是宠物。"

"我——我要养猫头鹰。"

11

这回大卫真的生气了

三月第三个星期的某天,大卫来到铁皮屋,注意到那颗蛋不在前一天摆放的位置上,它已经滚到孵蛋器的一边。他仔细察看,发现蛋壳上有一条裂痕。

"不好了,"一看到梅比出现,他便急着说,"不知谁踢倒了孵蛋器,害那颗蛋上破了一道裂痕。"

梅比蹲了下来,然后她露出笑容:"没什么事啦,是快要孵出来了。你看那里。在这一边。看到那小小的洞了没?"

大卫将脸往下贴近,近到连小小的玻璃盖上都蒙上一层他呼吸的雾气。

哇噢。

"我们可以打开盖子吗?"

"不行。"她将手臂压在盖子上阻拦,"它会死掉的。空气会让蛋壳变硬，那样小鸟就没法把它啄破。"

大卫兴奋得发抖，再次把脸贴近。透过蛋壳上的那个小洞，他看到了里面的小鸟在动。

*

亚瑟王一点儿都不急着出来见世面。大卫在孵蛋器旁徘徊，有如数年之久，而它却没有任何动静。

"孵蛋器的效果比不上雌鸟自己孵，"梅比说，"小鸟得花更长的时间才能孵出来。"

"我们该——该不该帮帮它？"大卫问。

"不行。我们只能耐心等待。"

怎么会有心情耐心等待？大卫急着观察它的变化，根本无法坐在那里等那么久。他继续查看着孵蛋器。

蛋摇摇晃晃的，但那个洞就是没有变大。

"我看，今天如果不读故事的话，我们最好计划一下小鸟孵出来后，我们该做些什么。"梅比说。

"你说这话是什么意——意思？"

"我们必须学会如何喂它。还有，它不能住在孵蛋器里。"

"它——它可以和我住。我——我想要训练它。"大卫说。

"虽然一开始只是小小猫头鹰，但如果我们希望它长大的话，就必须喂它吃东西。你知道猫头鹰都吃什么吗？"

大卫耸耸肩："猫头鹰的食物？我——我不知道。我还没有想到这件事。"

"像是死老鼠之类的。"

"死——死老鼠？"他扮了个鬼脸，"我们到哪里去找死——死老鼠啊？"

"谷仓里就有抓不完的老鼠，用捕鼠笼就行，然后把抓到的老鼠剁碎。整只的老鼠太大了，小鸟吞不下去，除非是秃鹰之类的鸟才吞得下去。"

大卫忙着思考，所以对梅比的笑话没反应："恶心。我们必须把老鼠剁碎？你千万不要叫我做那种事。"

"有些雌鸟就会做，"梅比回答，"它会先把食物嚼碎，然后吐到幼鸟的嘴巴里。"

"恶——恶心。真恶心！"

梅比哈哈大笑："一定要那样才行。"

"好啊，那就由你把死老鼠吐到它的嘴里。"大卫说，他开玩笑地推了推她。

*

他们两人待的时间比平时要久，小鸟还是没有孵出来。大卫仔细聆听时，可以听到蛋壳内传来微弱的叩叩声。除了偶尔摇晃一下，那颗蛋还是没有什么进展。

终于，梅比必须离开了，万一赶不上晚餐，她可就有大麻烦了。大卫又待了一会儿，希望能看到亚瑟王破壳而出，但还是失望了。最后，大卫穿上外套，将书包甩过肩膀，也回家去了。

*

已经六点了，如果他不赶快回到家，葛兰尼会生气的。大卫选择另一条路，想着能够快一点儿到家。

"嘿，屁脸！"有人叫嚷。

"嘿——嘿——嘿，智——智——障！"另一人假装口吃地说。大卫听出来这是谁的声音。"你听——听——听。我可以像你——你——你一样说话。"从树篱后面跳出来的布兰登说。另一个声音则来自他的弟弟卫斯理。

大卫不理他们，继续往前走。

"看——看——看，他——他害怕了。他要跑——跑了。"布兰登大笑。

卫斯理完全不给大卫机会，冲过去挡住大卫的去路："谁说你可以走这条路的，智障？"

"他——他去和他的女——女朋友约会,"布兰登说,"对不对啊,智障?"他假装口吃说话的样子很像羊叫。

"和你的女孩玩亲亲?"卫斯理说,好像好朋友之间开玩笑似的推推他的肩膀,但他们并不是朋友。

"闭嘴!"大卫回嘴。

"你以为没有人知道你和梅黛玲在谈爱吗?其实你想当她的爱人男孩。"布兰登发出亲亲的声音,"智障爱老师的宠物。她做了什么呢?告诉你所有的作业答案?或者你们只是两个臭味相投的怪物?"

卫斯理得意地大笑:"我打赌你在怪物班里可以得到A+的成绩,是不是啊,小子?当你不再待在那个破班级的时候。"他用力推大卫,推得大卫踉跄着后退。

大卫也推他。

"小心点,小子,"卫斯理不屑地说,"否则我就像上次那样把你打得满地找牙。"

卫斯理从口袋里掏出一包香烟和一个打火机。他的动作实在太夸张,大卫明白他只是在炫耀罢了。卫斯理将打火机凑近大卫的脸并点燃火。

"住——住手。"

卫斯理大笑："我吓到你了吗？"他再次点火，并将火苗对着大卫背包的带子。网状带子发出嘶嘶的声音。

大卫赶快后退："住——住——住手！我是说真的！"

"住——住手！"卫斯理学大卫说话，"住——住——住，听起来好像是蛇，古怪男孩。"他又点火。

大卫让背包滑下肩膀一些，他抓住背包带子，朝卫斯理迅速地甩了过去。他的动作快到让卫斯理来不及反应，卫斯理跌坐在地上。

为了不让卫斯理有时间爬起来，大卫高举起背包，又用力打下去，接着用尽全身的力气狠狠地踢他。布兰登想要拉开大卫，但被大卫横扫过来的背包逼退。

有如一股森林之火在他心口不停酝酿扩张，一旦发作便一发不可收拾。他踢了又踢，发狂地踢。卫斯理的鼻子开始流血。他滚到一边，用双手护住自己的头，抵挡大卫的鞋子。

"不要打了！"布兰登大叫，在大卫抓不到的地方跳来跳去，"你会把他打死的！"

大卫没有停下来。他停不下来。怒火蹿遍他的四肢。不踢的时候，他就举起背包打卫斯理。

"住手！"卫斯理终于哀叫起来。

布兰登再次抓住大卫，没想到被大卫挥过来的书包狠狠打中。

看到地上的那包香烟和打火机，大卫愤恨地踩上去。他将打火机踩得粉碎，然后把散发出臭味的碎片踢向卫斯理。接着他用他的鞋跟将散落出来的香烟一根根蹍碎。"滚！滚——滚开！"

卫斯理坐在地上，双手抱着头。

"你打伤他了！"布兰登吼道。他的声音充满愤恨。"我们又没有伤害你。我们只是好玩而已。你这个疯子。你是个古怪的疯子。这下子你的麻烦大了，我要去告发你。我要把你伤害卫斯理的事情告诉我的家人，他们会叫警察去抓你！"

布兰登拔腿狂跑，他那头羊毛鬈发摇来晃去的。大卫飞身追了他半条街，但布兰登的速度很快。当他冲入两栋房子间，并跑进某户人家的后院后，大卫就不再追了。他不确定那会不会正好是布兰登家的后院，他不想掉入陷阱。他继续跑着。

大卫打算回家，但他要先确定自己已远离布兰登和他的同党。他知道他们会去告发。他有大麻烦了。

一想到这里，他心头的那股怒火便蹿了上来。突然，他停下脚步。

要是布兰登的家人打电话报警,那么米洛太太就会知道。如果米洛太太知道他又打架,她一定会气炸的。可能会更严重。她也许会决定不让他继续和葛兰尼住在一起。也许葛兰尼根本就不要留他住下来。那种情形曾经在尼可拉斯家发生过。由于莉莉经常逃家,大卫又一天到晚打架,导致尼可拉斯家最后决定,再也不要忍受这么难教养的小孩。这次大卫可能也会被送进儿童之家了。

他其实是想要留在这里的,只是他一直没有领悟到这一点吧。他满脑子只想到那个每天要爬上爬下的讨厌楼梯,他多么希望葛兰尼有一辆好车,但他却不曾静下心看清自己的内心,事实上他是喜欢这里的,此刻他的心里非常确定:要是米洛太太带他离开这里,离开葛兰尼、梅比与亚瑟王,那将会是件很恐怖的事。

亚瑟王。哦,老天。真是一波未平一波又起。万一布兰登发现他和梅比交朋友,万一他也知道亚瑟王和孵蛋器的事,那该怎么办才好?

大卫的"最痛苦的事"的名单立刻更新,因为现在有一件真的"最痛苦的事"发生了。如果布兰登和他的同党去铁皮屋,他们一定会为了报复大卫而砸坏所有的东西。他们会发现那本有着奇怪文字和黑白线条图画的书,而且会觉得那是本很幼稚的书。他们会捣毁铁皮屋。他们会杀了亚瑟王。

一想到这里,大卫知道他无论如何都不能回葛兰尼家。他必须返回铁皮屋,解救所有的东西。

12

离家之夜

天边不见月亮的踪影,却有很多星星。

大卫的眼睛一适应了黑暗,他便冒险穿过山艾树丛返回铁皮屋。

大卫假装他是加文爵士。梅比不久前才读到加文爵士与关妮薇儿皇后争吵的那一段。加文爵士不喜欢关妮薇儿皇后命令自己,就算她是皇后也不行。故事里说加文爵士的脾气暴躁,就和自己一样,大卫心想。他的脾气也很暴躁。这样的说法比说他爱打架好听多了。

大卫推开铁皮屋的门,看到煤油孵蛋器的微弱火焰。他轻轻地关紧那扇已经十分破烂的门。他抽出皮带,将它绑在一根钉子上,然后绕在门把上。他试了试,要是有人用力推门的话,那条皮带是撑不了多久的,但是他想不出其他更好的方法。

他走到孵蛋器旁，蹲了下来。"亚——亚瑟王，"他悄声说，那颗蛋没有丝毫变化，和他先前离开时一样，"你现在安全了。"大卫轻轻地抚摸着玻璃。"我发誓，我绝对不会让你发生任何意外。"

*

大卫后悔没留下卫斯理的打火机。孵蛋器里面没有任何动静。他蹲着身子，伸手摸索《亚瑟王传记》。大卫花了好些时间才摸到杂物袋。他把袋子拉到孵蛋器旁。

他想借着火焰看书，但火焰在孵蛋器里面，很难照出玻璃外。要看到书里面的文字，大卫必须躺下来，把书本高举到孵蛋器的上方。

大卫打开书，梅比夹在书里面的那张书签掉了下来，打到他的鼻子，不过无所谓，反正他知道已经听到哪里了。

"第——第十章。"他大声读道。他现在知道"章"这个字，因为每段新故事开始时它都会出现。章名下面有一句话，描述故事的方向。"亚——瑟——王——如——何——唔——唔——唔——"大卫实在不知道接下来的这个字是什么意思。他放弃了那个字，直接跳到故事的第一行。"时——序——来。到早——早——早秋。"这实在太难了，大卫决定放弃朗读。

一直高举着书真不是件容易的事，手臂实在很痛，他不得不偶尔放下来休息一下。他翻着书本，寻找里面的图片。

他翻到一张皮利斯爵士的图片。梅比还没有念到这位骑士的故事，不过他非常喜欢那张图片。图片中的皮利斯爵士正躺在一张沙发上睡觉，一个女人俯身向他靠近。她那头黑发和她身上穿着的及地的洋装一样长，她头戴一顶圆形皇冠。她非常美丽，站在他的旁边，密切注视着熟睡中的皮利斯爵士。这个女人是谁？为何她看他的眼神充满爱意？也许是他的妈妈，因为彼此分开很长一段时间，太想念他了，所以回来找他。

大卫高举着的手臂实在酸痛，他只好放下书，坐了起来。他观察着孵蛋器里面的动静。"你在里面还好吗，亚瑟王？准备好破壳出来了吗？"

那颗蛋就只是躺在那儿。

大卫实在太饿了，饿到好像有一只狼在他的胃里龇牙咧嘴地号叫。黑暗中他注视着前方，不知该到哪里找食物。

这让他想起自己为何会流落在这个地方。当然不会忘记，刚才太过于专心看书，当暂时把它放到一旁时，就全都记起来了。

他真希望时间能回到下午，回到他第一次看到蛋壳上的小洞时，知道亚瑟王就快要孵化出来，感觉生命再美好不过了。如果时间能回到下午，他就会早点离开铁皮屋，走平常回家的路，那么一切事情就都不会发生了。

感觉眼窝突然刺痛了一下。大卫不理会。谁会在乎呢？他也许是想哭呢。

*

大卫没有戴手表，所以不知道现在是什么时候了。黑暗中无事可做，他只好躺在孵蛋器旁的地板上。他睡不着。地板硬而且有风吹进来。铁皮屋里越来越冷。他很饿。大卫又坐了起来，屈起膝盖，用双手抱住。

他一直竖起耳朵聆听着可能的脚步声。

大卫幻想着他会如何守护亚瑟王。他得准备一些石头，以防万一。于是他到外面去捡了一些石头，外头的空气冷飕飕的，脚底下的草结了霜，就连吐出的气息，都有如城市的下水道孔洞上方升起的烟雾。此时月亮已高挂在天际，是下弦月，看起来就像一个遥远的半合的眼睛。

大卫先把石头拿回铁皮屋内，再出去找一根棍子来防身。有事情做让他心里觉得舒服些。他其实是有些边做边玩，想象着自己就是皮利斯爵士或者加文爵士，正在寻找亚瑟王。在那一时刻,这倒是件很好玩的游戏。

最难熬的是肚子饿。大卫面对任何难题都可以转开心思,但饥饿的感觉却怎么都转不开。情急之下,他走到铁皮屋后面的小河边,捧起河水喝。他知道不该喝河水,因为梅比不止一次地告诉过他,牛群经常在那条河里尿尿,或许还在里面大便也说不定。只是此刻没有什么东西比河水更美味的了。

大卫回到铁皮屋,用皮带紧绑住门,再把捡来的石头堆在孵蛋器旁。安置好一切后,大卫拉紧外套包住身体,躺下来,把背包当枕头。这次他睡着了。

13

小小猫头鹰出来了

大卫冷得无法久睡。他坐起来,将双手放在孵蛋器的盖子上方取暖,并探头看里面的情形。

蛋壳上有一道裂痕。

"开始了,亚瑟王,"他说,他把脸贴得更近,"现在用力把蛋壳顶破。"

蛋很轻很轻地晃着,但什么事都没发生。时间一秒一秒地过去,大卫不知道到底多晚了,只觉得这是个永无止尽的夜晚。他的眼皮越来越重,他干脆闭上眼睛,脸颊靠在孵蛋器的盖子上,感觉又舒服又温暖。

听到一阵"咔咔"的声音,大卫抬起头,发现那颗蛋正前后摇着,还不停地发出"咔咔咔"的声音。接着,一次剧烈的晃动,蛋壳末端突然掉下来,啵,亚瑟王出来了。

大卫瞪大眼睛。亚瑟王？

躺在孵蛋器里的那个东西怎么看起来都不像猫头鹰！它全身黏答答的，虚弱，有气无力，红色的身体上黏着白色的细毛。它紧闭着的眼睛很大，嘴也很大，而最大的是它的脚，大到看起来像是漫画中的大脚。大卫随便画都可以画出比这只还漂亮的鸟！也就是说，它真丑。非常丑。非常，非常，非常的丑。

大卫仔细查看。它还活着吗？它一动也不动地躺在那儿好久好久，然后"噗"的一声，它摇摇晃晃地站了起来，接着"扑通"一下向后跌去，又跌成一团。它发出一种高音阶的"啊"，而非一般鸟类的啁啾或嘎嘎叫声。它的眼睛好似黏在一起似的一直没张开。

大卫真希望此刻梅比也在场。她那么聪明，一定可以解开他所有的疑问。眼前这个就是刚出生的猫头鹰的模样吗？它看起来很畸形，会不会是他没有正确翻蛋的结果呢？或者更糟的，是他当初把蛋踢出鸟巢时伤了它呢？踢翻鸟巢的愚蠢举动，让他一直感到内疚不已，难道真的是他那时的错误行为，害亚瑟王现在出了问题？

"拜——拜托，一定要没事。"大卫悄声说。

他注视着那只小猫头鹰好一会儿。它绝对是活着的。它扑前倒后地想要稳住双脚站起来。它身上黏答答的东西已经干了，白白的东西并不是羽毛，那层稀稀疏疏的白毛覆盖住粉红色的身体。

"你这个丑八怪，亚瑟王——王。"大卫喃喃地说。他微笑了起来。他想要打开盖子抚摸初生的猫头鹰，但他不敢，害怕热气会跑出来。他只能一直看着它，看到眼皮再也撑不住了。大卫躺在孵蛋器旁的地板上，沉沉睡去。

*

"大卫？大卫，你在里面吗？"门猛烈晃着。

大卫惊醒过来。那是男人的声音。大卫随手抓起一粒石头。

那个男人又猛力摇门，然后走到窗户前，想要看清里面的情形。大卫看出那是个警察。

他的心狂跳。他在脑海中闪过的唯一念头便是逃跑，但没路可逃。那个警察又走回门口。

大卫俯身往孵蛋器里面看。亚瑟王坐起来了，看起来好可爱。大卫知道，即便他找到出路，他仍然逃不了，因为他必须保护亚瑟王。

大卫放下手中的石头，走向门，拉开他绑在上面的皮带。警察顺势推开门。

"你还好吗?"他问。

大卫点点头。

"走吧,"警察说,"你让一堆人为你担心。"

"我——我不能走。我——我有一只猫头鹰。"

"一只猫头鹰?"警察走过去看着孵蛋器里面,"老天,这东西是从哪里来的?"

"我——我的朋友和我一起孵化的。"

"那就让你的朋友来照顾它啊。现在你必须跟我走。你这样逃跑,已经惹火一堆人了。"

"我——我没有逃跑。我——我一直都在这里,照顾它。"

"快点走吧。"

*

大卫猜想一定是布兰登的家人报的警,其实他猜错了,报警的人是葛兰尼。

"天啊!"一看到大卫,葛兰尼哭喊了出来。她张开双臂,紧紧地抱着他。大卫没有料到葛兰尼会有这么热情的举动,因为她不是那种喜欢拥抱的人。

"我非常担心你,"她说,"上天保佑,孩子,昨天晚上你怎么可以这样对我。你怎么可以不回家呢?"

米洛太太就坐在客厅里。为了保持干净,葛兰尼平时会在沙发上和椅子上摆上罩巾,但此刻它们都被拿掉了。米洛太太坐在米黄色的沙发上,手上还拿着一堆档案,就是当她打算把某人带到新的寄养家庭时所需要的档案。大卫见状,忍不住哭了起来。

葛兰尼让他在一张舒适的椅子上坐下,然后送走警察。大卫小心地坐在椅子边上,不想让脏兮兮的自己弄脏椅子。

"我真的没想到你会这样,大卫,"米洛太太说,"我以为这样的事情不会再发生了,至少在你看到莉莉逃跑后闯了那么多祸,应该不会学她的坏毛病。"

"我——我——我没有逃跑。"他说,他害怕得哭了起来,以致声音模糊不清。在她的面前哭泣让他觉得很丢脸。

"对不起,我听不懂你在说些什么。你再说清楚一点儿。"

葛兰尼回到屋内,看到大卫在哭,立刻搂住他的肩。"你今天受够了,对不对?又是警察,又是一大堆事情。我想你现在最需要的是洗个热水澡,然后上床睡觉。我敢说你一定没睡。"

大卫害怕地瞟了米洛太太一眼,见她仍一脸生气的表情。葛兰尼拿了些卫生纸给他擤鼻涕。

"去吧,去洗个澡,把自己洗干净。你的样子看起来好像在草堆里窝了一个晚上,"葛兰尼说,"去洗澡吧,米洛太太和我还有些事情要谈。"

*

大卫放了比平常还要多的热水。由于热水的费用很高,葛兰尼平时都不让他放太多,可是这次他放很多,多到可以把整个身子泡在里面,只露出一个头。他的心情很糟,身体沉重,思绪就像糖浆一样,黏稠得无法转动。更糟的是,他的心情恶劣到对一切事情都感到绝望。他只是躺在水中,没有洗澡。他应该洗澡的。葛兰尼说得没错,他的确一身脏。但他只是躺着,躺到水温变凉,然后他跨出浴缸,穿上睡衣,直接上楼回到他的房间。他找到小毯子,盖在自己的眼睛上,他丝毫不想下楼打听米洛太太的来意。

回家了

大卫醒来时,明亮的阳光正从房间远端的小三角窗照进来。一时间他被阳光搞迷糊了。闹钟上的时间是两点三十分。两点三十分根本就不合理啊。接着他想起来了。

大卫起身穿衣。他依然觉得疲累。

楼下,葛兰尼正在厨房里忙着。炉子旁的料理台上摆着一个大巧克力蛋糕。

"早安!"她愉快地说,好像他睡了这么久是再自然不过的事。

"我以为你今天要去帮卡托史渥斯太太工作。"他回答。

"我打电话跟她说我今天不去了。我跟她说我的大卫出了点问题,她很能体谅我的处境。今天她自己带三个儿子。"葛兰尼微笑地说,"你看,我给你做了一个蛋糕耶。要不要吃一块?"

大卫看着她。依照葛兰尼的个性,当你该吃正餐时,她是绝对不可能给你吃蛋糕的。也许是她知道米洛太太就要来带他走,所以特地做了那些东西。

不等他的回答,葛兰尼径自切了一大块蛋糕放在盘子上,然后再倒了一杯牛奶。

"我会有什——什么下场——场?"大卫忐忑不安地问,"米洛太太会回——回来吗?"

"等一下。"

大卫的心往下沉。

"别担心,我们可以一起来解决这件事。"葛兰尼把蛋糕和牛奶放在他的面前,然后她在另一张椅子坐下,"我告诉她你会把一切向我解释清楚。我告诉她我的大卫不会无缘无故地那样做的。"

我的大卫。偶尔葛兰尼提到她去世多年的丈夫时,她会叫他"我的汤玛士",有如他是她非常珍贵的财产。可是她从来没有这样叫过大卫。听起来真的很舒服,只是大卫不太敢相信,有时人们那样说话,是为了消减你的防卫心理。

"当然,这就表示你必须告诉我事情的来龙去脉,"葛兰尼说,"而且你必须说实话。"

"我——我没有逃走。"

"你不会的,我觉得你绝不会那样做。我就是那样跟米洛太太说的。我说这个男孩没有理由逃走,你绝对不会逃走的。但是你为什么没有回家来呢?你不知道那样我会很担心吗?"

大卫没有说话。这么多事情——布兰登和他的同伙、罗尼、亚瑟王、梅比,大卫一时不知该从何说起。

葛兰尼看起来不慌不忙。

"我——我在照顾亚瑟王。"

"那么你可以告诉我亚瑟王是谁吗?"

向她解释事情的来龙去脉,这可真不容易。他这一辈子从不曾一次讲这么多的事。葛兰尼悠闲地坐在那儿,好像除此以外下午没有事情可做了。

大卫先讲到亚瑟王,谈到他如何发现那颗蛋,而那颗蛋又如何让他和梅比成为朋友。葛兰尼当然知道梅比是谁,因为大卫提起过她,但他不曾谈到蛋的事情。

接着他讲到前一晚回家的路上遇到布兰登和他的同伙。因为害怕葛兰尼会生气,他不敢说出他痛殴卫斯理的事情;有那么一刹那,他想要撒谎,说他待在铁皮屋里是为了照管那颗蛋,而绝口不提卫斯理。但他不知道布兰登是否已经告诉他父母,所以决定还是向葛兰尼坦白，以免事情越弄越糟糕。

听完整件事情的来龙去脉后，葛兰尼沉默不语。她拿起蛋糕刀，刮掉落在桌布上的糖霜。"趁着你的蛋刚刚孵化出来，把事情讲出来也许是件好事，因为小鸟现在需要你花更多的心力去照顾。"她终于说。

两人沉默了好久。

大卫说："我——我对打架的事情感到很抱歉。"

她点点头说："好。我不会对那件事情表示任何看法。有时候你不想惹事，但人们就是不放过你，非得逼你打架不可。我了解那种情形。可是我也必须说，用语言解决事情才是好方法，那样对你自己和对方都比较尊重。所有的动物都会打架，而用语言解决事情是人类才能做到的事。只要是住在这间屋子里的人，都该用这种方式解决事情。"她微笑地对他说，"看得出来你越来越会用语言沟通。当初你刚来到这里时，我可不认为你能像刚刚那样，坐下来告诉我事情的经过。"

"拜——托，别把我送走。"

"我有说过要把你送走吗？"葛兰尼回答。

大卫看着她。

"如果我说我不要一个会打架的孩子，那并不表示我要他离开我逃走，不是吗？把他调教成健康正常的孩子，有问题就得解决，而不是逃走。"她笑了起来，"更何况，如果我必须一个人吃这个巧克力蛋糕的话，那我不胖成肥猪才怪。最好有个男孩帮我吃掉它。"

大卫也笑了起来。

*

四点半，门铃响起。大卫光着上半身，下半身穿着宽松的运动长裤。他以为按门铃的人是米洛太太，他不想看到她，他迅速冲进房间。

他听到葛兰尼在厨房里和某人讲话，接着脚步声便在楼梯间响起。大卫赶忙套上一件运动衫。

"嗨。"梅比出现在房门口。

大卫惊讶地看着她。

"这个房间很棒耶！"梅比说，一边环视着房间，"为什么你没有跟我说你有这样的房间？它很大耶，大约是我房间的三倍，而且这个窗户看起来很酷。你应该坐在这里，看街上来来往往的行人。"

"是啊。"

她回头看着他。"你还好吗？"

"亚瑟王孵化出来了。"

"我知道。我爸爸去铁皮屋带它回家了。他打算把它放在谷仓里,那里有一个暖房,我爸爸说那里比较适合它。"

听到这番话,大卫觉得难过:"我以为我们会一起照顾它。"

"我们还是可以一起照顾它啊,只是换到谷仓里照顾它。我爸爸说那样它才能活命。事实上,我爸爸说我们能够把它孵出来算是运气好了。当初我把我们准备孵化鸟蛋的事情告诉我爸爸时,他说那是不可能成功的。因为我们不知道那颗蛋已经下了有多长时间,又被我们带来带去,应该是孵不出来的。显然,亚瑟王是一个生命力很强的小家伙。"

一阵沉默。

"你猜怎么了?"梅比说,"是他们今天把我带走的。"

"谁——谁?"

"警察。他们来我们班上,说你不见了,问是否有人知道你可能去了哪里。于是我举起手。那种感觉让人兴奋。"梅比笑了起来,"你真该看看哈洛威太太看到警察出现时的表情!"

"我——我没有打算逃走。昨晚我和布——布兰登那些人打架,我很担心他们会杀死亚瑟王,所以我又回到铁皮屋去保护它。"

"我不觉得你会逃走。我就是那样告诉他们的。"梅比耸耸肩,"反正事情已经结束了。更棒的是,我们现在有我们自己的猫头鹰了。真的太棒了,对不对?"

大卫点点头。

"想要去看看它吗?"

"现——现在吗?"

"当然是现在。你可以来看看我们为它安排的新家,看完后,你还可以留下来吃晚餐。我已经和我妈妈说好了。怎么样,要去吗?"

大卫点点头说:"好啊。"

到梅比家做客

那天晚上,大卫到梅比家的农场帮忙处理孵蛋器。他们从铁皮屋的方向走过去,直接走进一间谷仓,这个地方他以前不曾来过。

每次想到梅比的农场,他总把它幻想成童话故事中的农场模样,有一间红色大谷仓、一间有前廊的白色房子。其实梅比家不过是一栋再普通不过的现代房子,和城里人的房子没两样。她家的谷仓有好几个,各有不同的颜色,但没有红色的。梅比说她父亲是牧场主,所以有些谷仓是用来挤牛奶的,有些是给羊避寒冬的,有些用来饲养待产的母羊,有些则是用来喂养小羊的。除了谷仓之外,还有堆放干草的铁皮屋、堆放牧草饲料的铁皮屋,以及堆放谷类的铁皮屋。

大卫没有看到任何牛。由于不曾近距离靠近牛,他不停地四处张望，希望这次能有机会，却只看到一只巨大的橙色公猫。大卫喊着"过来，猫咪"，他蹲下来假装手中有猫粮，以前住在安德森家时，这招每次都奏效。眼前这只猫咪对他的表演不感兴趣，看了他一眼，便悠闲地往另一个方向慢步走开。

大卫随着梅比穿过农场的有如迷宫的一间间谷仓，来到其中一间，里头什么都没有，就只有一长排空荡荡的隔间小厩。一盏孤灯高悬在偌大的谷仓的空中，照得整个谷仓黑影幢幢。水泥地板很干净，空气中充斥着牛、饲料与粪肥混杂所散发的难闻味道，不过闻久了也就不觉得有那么臭了。

第三个小厩就是亚瑟王的新家，里面有一个木箱子，箱底铺着稻草，上方悬着一盏温热的灯泡。铁丝网罩住箱子，以防受到谷仓里的猫咪攻击。

大卫弯腰看它。亚瑟王全身已长出绒毛，看起来却一点儿都不可爱。它浑身都是白的，嘴和脚还是很丑。它小小的翅膀看起来丝毫不像翅膀，倒像是藏在白色绒衣里的手臂。

"我可——可以摸它吗？"大卫说。

"你可以用手指头拍拍它，但千万别把它抓起来。"

大卫拍拍亚瑟王的头。小鸟张开嘴巴："看，它想要吃东西。"

"没错，我们要赶快开始抓老鼠了，"梅比说，"它今天还不会有事，因为在出生后的二十四小时内，这些小小鸟儿仍可以吸收蛋黄脂，不过它明天就必须吃东西了。晚餐后，我们最好放上捕鼠笼。"

大卫从不曾受邀到别人家中吃晚餐。梅比的妈妈热情地招呼他，说很高兴认识他，还说常常听梅比讲他们一起孵蛋的事情。不过她说的不是"梅比"，而是"梅黛玲"或"梅蒂"。

梅比还向他介绍她的两个弟弟。直到那时，大卫才知道原来她有弟弟。他们是双胞胎，两岁大，分别叫乔依和比利。他们长得实在太像了，大卫根本分不清楚谁是谁。

晚餐上桌的时候，梅比的父亲正好进门。他去洗碗槽洗手。梅比的妈妈见状，立刻要他到别处洗。他开心地大笑，并加入餐桌。他的身材不很高，但大卫从他的肌肉看得出来他很结实强壮。他有一双笑眯眯的眼睛，头发秃得只剩耳边的一些发丝，当他脱下帽子时，那些头发便往四面八方竖起来。他的身上仍散发着牛的味道。

他们吃着淋上肉汁的碎肉汉堡，搭配洋芋泥。大卫不曾这样吃过汉堡。一开始，他瞪着那个样子看起来很奇怪的汉堡，担心会难以下咽。汉堡的味道非常棒，他还吃了两份，他甚至连讨厌的豆子都吃得一干二净，还好那是豆子，不是"最痛苦的事"名单中的蔬菜。餐后的点心是桃子派。

"说说你们的那颗蛋吧，"梅比的父亲说，"梅蒂跟我说是你发现那颗蛋的。"

哦，天啊，那件事啊。大卫不喜欢人们问他得到那颗蛋的经过，但他也不想对梅比的父亲撒谎，他干脆改变话题。

"我——我打算训练它。"

"我们打算把它训练成一只猎鹰，"梅比接着说，"就像中古世纪的猫头鹰那样。记得吗，爸爸，我前几天告诉过你，猎鹰者训练它们去追捕兔子。我们打算训练它。我上网查过了，也收集了一堆资料。"

"梅黛玲，别和你的客人抢话，"她父亲说，"我想听听大卫怎么说。"

"大卫怎么说，"他喜欢这句话。大卫其实没有什么话好说，因为梅比把话都讲完了，他只是对史脱普先生笑了笑，点头表示认同。

"我觉得你们在整个孵化过程中表现得非常好，"她父亲说，"在那样的环境下，其实很少能孵成功的。我必须承认，当我听到这件事时，我认为你们不可能成功，显然你在这方面很有天分哦，大卫。"

大卫低着头，忍不住窃喜。

那晚大卫带着非常愉快的心情回家，这样的转变连他都感到惊讶，因为早上他的情绪实在糟透了。真是神奇的一天。

人生中总是一波未平一波又起。隔天到学校才不到几分钟，事情便爆发了。

大卫进到学校时，布兰登正靠在置物柜旁。他比画了一个下流手势。大卫专心地整理他的置物柜。

接着罗尼出现。他悄悄地贴靠在大卫的肩膀上，像是想一窥大卫的置物柜里放了些什么东西："嘿，大卫，很高兴你今天找到上学的路。"

布兰登也加入进来："嗨，大卫。"

"我想今天我们和大卫有事情要解决，对不对？"罗尼对布兰登说，"因为大卫昨天迷路了，对不对，可怜的男孩，还得有劳好心的警察去找他。所以我想我们两个今天应该好好照顾大卫，别让他再迷路了。你跟我们来，大卫。"

两个男孩不给他拒绝的机会。罗尼把手搭在大卫的一侧肩膀上，布兰登则搭在另一侧，两人紧紧夹住大卫，将他的手臂挤到身后，让他无法脱逃，然后开始往走廊的前方走去。

"我们要去踢球。"与哈洛威太太擦身而过时，罗尼大声说。

大卫心里很清楚他们不可能去踢球。他的球踢得很差,老是踢不到,根本没有人想要和他一起踢球。

罗尼和布兰登夹着大卫在操场上走来走去,好像他们是好朋友似的。

大卫想要阻止他们,但就是挣脱不了,除非和他们大打一架,他心中明白,一旦他真的动了手,正好中了他们的计。经过前一天的惊险之后,他不敢再惹麻烦。

他们在操场上不停地绕了又绕。突然,罗尼和布兰登径直地走向站在秋千旁的校长。"哈啰,道森先生。"罗尼非常友善地说。

"哈啰,道森先生。"布兰登愉快地喊道。

"你们几个男孩看起来玩得很高兴啊!"校长回应。

"是啊,我们是玩得很高兴!"罗尼高兴地说,"大卫现在是我和布兰登最好的朋友,对不对,大卫?"

大卫没有说话,但眼中流露出哀求的神情。道森先生怎么会相信他们的胡说八道呢?难道他不知道他们两个是什么德行吗?

离开校长,他们继续在操场上绕着。"你应该跟道森先生打招呼的,"罗尼说,"不然他会以为你被挟持了。"

罗尼转过头来。"哦,你看!"他以极其夸张的口气喊着,"梅黛玲在那里耶。我们过去和她打个招呼。"

大卫的心往下沉。

梅黛玲站在建筑物的墙边,独自玩着球。当他们来到她前面时,罗尼以迅雷不及掩耳的速度放掉大卫,抓住梅比的球。

"嘿!"她生气地大叫。

"现在它是我的了,"罗尼说,并将它丢向空中,"快点,你们几个,我们去玩球吧。"

布兰登放开大卫,伸手去接罗尼丢出去的球。

"还给我!"梅比嚷道。她追着罗尼,当罗尼把球丢给布兰登时,她又追起布兰登来。

布兰登把球丢回给罗尼。显然,梅比不可能从他们手中把球抢回来。

大卫只是站在那里。他真的很想跑开,很想忘记眼前这一切,因为他实在无能为力。他根本抢不到球,就算跑得像超人那般快,他还是有可能漏接,或者掉球,甚或被自己的脚绊倒。如果他强要把球拿回来,势必免不了要打一架,但在这个节骨眼,他绝对不能冒这个险。他不知该如何阻止他们,只能无能为力地站在那里。

梅比开始哭了起来:"还给我,你们两个。我要去告诉老师。"

"爱哭鬼,"罗尼说,"你为什么不回去读你的一年级呢?"他对她说,同时还和布兰登你来我往地扔着球。

大卫急着想要挺身而出。他的嘴巴又干又涩,完全讲不出话来。他想要帮忙,但光想不做是没有用的。

上课铃声响了。

"拿去,爱哭鬼,破球还给你。"罗尼说,但他并没有把球还给梅比,反而使尽全力地把球丢出去,看着它滚过操场,滚到大街上。

所有的孩子都往教室大门的方向走,大卫仍站在原地。梅比已经跑过操场大门,要去拿回她的球。他想去帮她,不巧这时道森先生正好经过。

"快点,大卫。上课时间到了。"他搂着大卫的肩膀,推着他往教室方向走。大卫不得不进教室。

开始照料小猫头鹰

梅比真的很气他。大卫并不怪她生气,因为他也气自己,他应该想办法阻止罗尼与布兰登欺侮她,但他却一句话也没说。为什么?他到底怎么了?

放学后他一定要去农场一趟,今天他们必须喂亚瑟王吃第一餐死老鼠肉,再说,大卫也不想失去探望亚瑟王的机会。

不想看到校车从他身旁经过,所以他刻意绕远路。一到农场,他在众多谷仓间迷了路,花了好些时间才找到亚瑟王的家。来到谷仓里的小厩时,梅比已经在里面了,她的身旁放着一个捕鼠笼,里面有一只已经死掉的老鼠,眼睛全凸了出来,有如两颗小黑豆悬在它的头外。

大卫走进小厩:"它还好吗?"

"它饿了。"

大卫拿开盖在木箱子上的网子。一听到网子被拿开的声音，亚瑟王立刻张开嘴巴。

"拿去，这是我带来的刀子。"梅比语气平淡地说，"我们得把老鼠切成碎块。"她将刀子递给大卫。

他本想指出，"我们"表示她也得帮忙，而不是他一个人来切恶心的死老鼠，但他开不了口，只是默默地接过刀子。

大卫不知道该怎么下手。首先，这是一把很锋利的刀子，人们从来都不让他碰这类刀子，刀握在手里令人感到兴奋。其次，他不曾切过死掉的东西。

梅比看着他。大卫犹豫了很久，努力地鼓起勇气去碰那只死老鼠。

"你应该帮我的，"她终于说了，音调非常低沉，"你不该和罗尼与布兰登混在一起的。"

"我——我没有和他们混在一起，是他们逼我的。"

"逼你什么？逼你那样欺侮我吗？"

"我没有，我没有和他们一起欺侮你。"

"你是没有欺侮我，但你却站在那里一动也不动。你站在那里看着他们欺侮我。你是我的朋友，你应该保护我。"

"我——我想啊。"

"你想,可是你没有做,那算什么保护。"

大卫放下刀子并站起来。

"怎么,想逃跑了?"梅比的口气极其不屑。

他并不是要逃跑,而是眼睛刺痛,他害怕自己会哭出来,他痛恨自己掉眼泪。

"也好,如果你逃跑了,那亚瑟王就是我的了,因为你不负责任。你生我的气,所以你就这样走掉,不喂它吃东西。"

"我——我没有生你的气!"大卫说,他再也忍不住哭了出来。他觉得丢脸,想要逃跑。他躲到小厩的角落,不想让梅比看到他掉眼泪。他没有离开,他可不想就这样把亚瑟王让给梅比。

梅比在他身后长长地叹了一口气。

背对着她,大卫擦掉眼泪。一个八岁小女孩竟然能够让他掉眼泪,他到底怎么了?

梅比又叹了口气。"我只是要你保护我而已,"她轻柔地说,"我只是厌烦大家老是爱欺侮我。我只是要你当我的朋友。"

"我——我是想要保护你啊,"大卫说,"我——我只是不知道该怎么做。我害怕又惹上麻烦。"他本来还有话要说,但已经没有意义了,他只是沉默着,干脆不说。他转过身,不敢直视她,"我——我很抱歉。真的。"

梅比点点头。她又叹了口气,然后耸耸肩。

"我——我真的真的很抱歉。"

"没有关系啦。"

大卫回身捡起刀子,蹲下来,在水泥地面上将老鼠切成两半,再切成四块。

虽然觉得很恶心,但他想借此让梅比知道他愿意付出,也许可以稍稍弥补他们的关系。

"我想你得把它们切得更碎才行,"梅比说,"把它剁成烂泥状,就像咀嚼过的那样。太硬的话,小鸟会吞不下去的。"

恶心,真恶心。大卫咬牙把肉剁得很碎。

梅比小心翼翼地抓起老鼠尾巴。她一手抓着老鼠肉,一手掀起木箱的网盖。亚瑟王张大嘴巴。梅比将肉丢进它的嘴里。一开始,亚瑟王看起来好像噎住了,它不停地拉长脖子,努力吞咽,好不容易才把肉全吞下去,只留尾巴悬在嘴巴外面。虽然看起来恶心,但那画面很有趣。亚瑟王再用力一吞,尾巴消失了。

梅比走回来,又拿起另一团肉。她停下脚步,抬头看着大卫:"很抱歉我让你这么伤心。"

"没——没有关系啦。"

"亚瑟王的事情我只是随便说说而已。我是太生气了,才那样说的。它仍然是我们两个人的。"

她将手中的肉拿到亚瑟王的头顶上方。

"梅比?"

"什么事?"

"你觉——觉得我们是怪——怪胎吗?"

"我不那样觉得。不过我也不在乎,"她回答,"我不喜欢像其他孩子那样。他们大多时候只对无聊的事情感兴趣,是一群蠢蛋。我不想像他们那样。"

大卫回过头:"绝不吗?"

梅比没有回答。

"我——我有时候会那样。有时候我希望我和别人一样。我喜欢与他人打成一片的感觉。"

梅比没有看他:"我希望人们不要喊我'老师的宠物',"她静静地说,"你知道为什么吗?因为没有人会比我更痛恨哈洛威老师。她对我很坏。如果我很快地把功课完成,她便会说:'来,梅黛玲,这里还有更多功课要给你做。'好像我完成我的功课就表示'我很喜欢这份功课,我还要再做一份',于是下一次我就写慢一点儿,但这样子她又会说:'我希望这份功课对你不会太难。'好像又在暗示我,我应该回去读三年级。我知道她心里真的是那样想,因为有一次她当着我的面对我妈妈说:'我不知道梅黛玲在社交方面能否赶上五年级学生的程度,我看她都没有交到任何朋友。'就当着我的面啊,好像我没有耳朵似的。所以,我真的不是她的宠物。"梅比笑了起来,"我比较像是令她头痛的宠物吧。"

"没错,我希望人们不要再喊我智障。我——我希望他们不要因为我说话慢,无法思考,就说我是智障。"

"对。"

"对——对。"

"你当然不是智障,"她说,回头看着他,"真正的智障不会像你一样对许多事情感兴趣,喜欢古代的亚瑟王,或者喜欢这个亚瑟王。"她指着小猫头鹰放声大笑。

"你可以交朋友啊,"大卫回答,"因为我就是你的朋友。"

"我们只是和别人不一样而已。不一样就是怪胎。"

大卫捡起一块死老鼠肉,递向梅比:"没——没错。"

"没错。"

17

新朋友——丹尼斯

亚瑟王很适应死动物肉，大多是死老鼠，不过有时候猫咪麻莫雷德也抓到些小鸟，亚瑟王得以换换口味。还有几次，梅比的妈妈提供了生汉堡肉。

亚瑟王长得很快。两周大的时候，它的头已经碰到木箱的网盖。它全身仍是白毛，不过白毛下面也开始长出少许的羽毛。和身体比起来，它的脚的比例还是很大，已经长出长长的、令人讨厌的爪子。当大卫提起这点时，梅比指出，描述猫与猫头鹰的爪要用不同的词汇。大卫说他没有找正确的词汇，他只是要表达猫头鹰的爪子的锋利而已，因为到处都看得到亚瑟王的抓痕。

吃饱后，亚瑟王挺直身子，望着木箱的边缘。它会用它的嘴来来回回地啄双脚，这是大卫最喜欢观看的一幕，因为它看起来就像刚学舞步的笨拙舞者。

亚瑟王不喜欢被抓起来。每次看到大卫靠近，它便会弓起身子；而当大卫伸手进来时，它就张开短秃的翅膀。有时它甚至会发出嘶嘶声。不过大卫还是会把它抓起来，毕竟亚瑟王若要成为一只猎鹰，就得习惯被人抓在手里的感觉。大卫试着让它坐在他的肩膀上，但亚瑟王不太喜欢，它会不停地往肩头挪，然后掉下肩膀。再不然，它便会啄大卫的头发或他的耳朵。

三个星期后的某个中午，梅比的父亲来到谷仓。他靠在小厩的门上说："那个箱子它很快就会住不下了。"

"我知道，"梅比回答，"你可以把小厩加上铁丝网，这样我们就可以把木箱的网盖拿掉。"

"你们不需要铁丝网，"史脱普说，"它还没有那么快会飞。"

"我担心的是猫啦，"梅比说，"猫可能会来偷袭它。"

大卫把亚瑟王放在膝盖上。梅比的父亲待了一会儿，看着大卫抚摸猫头鹰的身体。然后他说："其实你们心里清楚不可能留它太久的。"

"为什么？"梅比问，她皱起眉。

"它是野生动物，不适合当宠物。"

"中古世纪的人们就养猫头鹰当宠物啊，"梅比说，"比如打猎用的猫头鹰。"

"在那个时代它们能做很多事。而现在我们都知道这样的圈养对野生动物是不健康的。"史脱普先生回答。

"可——可是我们把它照顾得很好啊。"大卫说。

"你们是把它照顾得很好。我的意思是,等它长大后,把它放回原野才是正确的。"

"它——它会没办法活命的。它已经习惯我们的照顾了。"

"那当然不行,你们不能就那样放它出去,"史脱普先生说,"有专业人士可以训练它重回野地生活。"

令人不自在的沉默。

"我只是说那样对亚瑟王最好。"史脱普先生说。

史脱普先生离开后,大卫望着梅比说:"我——我们不会真的要放亚瑟王走吧?"

"才不会呢。我爸爸只是随便说说而已。等他看到我们的训练成果后,就会改变心意了。"

*

大卫发现他在学校里还是无法和梅比在一起。他已不再介意她的年幼或与众不同,自在地与她做朋友,只是女朋友和男朋友的事情很令他困扰。他经常幻想着和电视上的某些女孩约会的滋味,只是梅比并不在这些女孩的名单中,问题是别人老爱把他们凑成一对。为了避免情况变得复杂,他们在学校里尽量保持距离。

班上有一个名叫丹尼斯的男孩,就坐在大卫的旁边,个性很安静,总是混在同学中,所以很难让人注意到他的存在。他有一头褐色头发,剪了一个大众发型,他的衣服、鞋子都是在席而斯大批发买的,不是名牌。他的成绩并不特别优异,但他也不需要特别辅导。他是一个各方面都很普通的孩子。

安静的丹尼斯的朋友并不多。大卫注意到这个现象,总会在下课时刻意站在他身旁,这一招好像还蛮有效的。可惜的是,他就只是站在他旁边,什么都不做,所以最后两人还是没交谈。一开始,大卫觉得丹尼斯可能另外有事,所以没有上前和他讲话;但后来又想,也许是丹尼斯太安静了,无法开口和自己交谈。

然后某天在上科学课时,大卫注意到丹尼斯的报告主题是北极熊,于是趁着下课时,大卫站在丹尼斯身旁对他说,"我——我桌上有本书讲到北极熊。"

丹尼斯看着他。那一刻,大卫希望他继续保持沉默,因为丹尼斯看着他的眼神就像他是两个头的怪物一般。

"我以——以为也许你用得上。"情急之下大卫慌忙地说。

丹尼斯淡淡地笑了笑说："好。"

两人沉默了好一会儿。

"你的报告题目是什么？"丹尼斯问。

"企——企鹅。"

他们从此成为朋友。吃午餐时，丹尼斯开始和大卫坐在一起；当课堂上需要两人一组时，他会和大卫一组，两人还经常结伴在操场上玩耍。大卫和丹尼斯在一起时并没有触电般的兴奋感觉，不像和梅比在一起时那样，实在是因为丹尼斯太安静的缘故。若不主动问他问题，他便不说话，不过他好像蛮喜欢被问问题的。当大卫口吃说不出话来时，他也从不给大卫压力。对大卫而言，丹尼斯最棒的地方是愿意和他做朋友。

和莉莉见面

随之而来的星期六下午,在大卫要去看亚瑟王的路上,迎面驶来一辆红白相间的破旧车子,驾驶员还猛按喇叭。

"大卫!大卫!"有人大喊。

坐在驾驶员旁的是莉莉。

大卫停下脚步。

车子停了下来,车门被打开。"嘿,大卫!"莉莉又叫又跳,"小子,看看你,你都没长高,对不对?我还以为你现在会比较高了呢。"她紧紧拥抱他。大卫也拥抱她。

莉莉看起来还是和以前一样,一头蓬松鬈发和扁平的身材。但在大卫的眼里她似乎又不太一样了,不像是他认识的人,反倒比较像是他记忆中的人。自从去年十月分开后,他便不曾见过她,感觉就像好几个世纪那么长。

"你——你在这里做什么?"他问。

一个家伙从驾驶座上走出来。他是个年轻人,看起来大约二十五岁,很瘦,是那种不健康的瘦,一头又长又油腻的黑发。他的手臂上有烟斗图案的刺青。"他是迈克,"莉莉说,"是我的男朋友。我以前向你提起过,记不记得?"

迈克没有走过来,只是站在打开的车门旁。"嘿,莉莉,带他上车吧。"他说。

莉莉说:"来吧。"

大卫摇摇头。

"是我啊,傻子。我大老远地来看你。你摇什么头呢?来吧。我们去麦当劳吃东西。我请你。"

"好——好吧。"大卫迟疑地说。他坐进后座,莉莉则坐在迈克旁边。

莉莉请大卫喝奶昔,自己则点了一瓶健怡可乐,并问迈克想要喝什么。大卫觉得迈克在生气,或者他只是觉得无聊吧。总之,他口气不屑地说他要一瓶啤酒。从莉莉笑的模样判断,她应该认为这是个笑话。点完东西,他们离开麦当劳坐进车里。

"你——你是逃家吗?"大卫问莉莉。

莉莉没有回答，反而转身对迈克说："你必须原谅他。他的脑袋有问题。"

"没脑子哦？"迈克回答，"这下我确定他真的是你的弟弟了。"语毕他大笑。大卫觉得受辱了，但莉莉却觉得极有趣。她熟练地系上安全带，笑到直不起腰。

"你怎么会在这里？"大卫问。

"你就用这种方式欢迎我吗？"莉莉反问，"你怎么不说'哇，我真的很高兴见到你，莉莉'，'我很高兴你千里迢迢来这里'呢？"

大卫不语。见到她他当然高兴，只是他的心中有更多的惊讶与困惑。

莉莉打开她的皮包，拿出一本小小的笔记本，翻到她在寻找的那一页，然后递到后座给大卫。"看到没？那是妈妈的地址。她现在就住在这个地方。我在网络上找到的。我想我们可以去看看她。"

大卫震惊地瞪着那张纸。

"我有写信给她，"莉莉说，"但我一直没有收到回信，我怀疑机构里的那些讨厌鬼没有把信寄出去。如果她有收到我的信，一定会回信的。我知道这一段时间以来，她可能一直担心着我们的状况，也许还到处寻找我们呢，所以我和迈克决定去看她，不过我提议要先过来你这里。我的意思是，你是我的弟弟啊。"说完，她对着大卫笑。

莉莉到底打算怎么做呢？开车过去，然后说："哈啰，还记得我们吗？我们是你的孩子耶。"然后呢？留下来和妈妈同住吗？收容机构那边要怎么交代？怎么对米洛太太交代？莉莉总是以最疯狂极端的方式解决事情。米洛太太曾告诉过大卫，这就是莉莉的问题之一，总认为自己的疯狂想法终会成真。大卫早已习惯莉莉的这种行径，那些疯狂想法从不曾成真过。

"万——万一那不是妈妈呢？"大卫提起勇气问。

"一定是，"莉莉回答，"我问过米洛太太，她也承认那是妈妈的地址。"

他早已把对妈妈的想法放在内心深处的一角，甚至都已不知道要如何到达那一角。很久很久以前他就已经不再问她在哪里，或者在他们姊弟被带走后，她为何都没有写信或寄礼物给他们，甚至连一张卡片都没有。知道得越少就越不会害怕。他早已习惯自己是一个没有妈妈的小孩，妈妈就像龙或魔法棒，只存在于童话故事里。现在，突然间，莉莉说她知道妈妈的下落，此刻正要前去探望她。

他默默地喝完奶昔。

迈克发动车子离开麦当劳的停车场。

"不——不是这条路,"发现迈克朝高速公路的方向前进,大卫赶忙说,"后面的另一条街才是去往我家的路。"

"你不是要和我们一起去吗?"莉莉问。她从前座转过身来看着他,"你也想看看妈妈,对不对?"

他当然想看。即使妈妈无法将他们姊弟带回家,大卫还是想当面看看她,至少他可以知道她的长相。

"我们必须在一起,你和我,"莉莉说,"血浓于水嘛。"

"你可以把身体转过来吗?"迈克不悦地对莉莉说,"你这个样子会干扰到我。"

"他是我弟弟耶,迈克。我已经有九个月没见到他了。我们彼此是不可分割的。"

大卫想象着与妈妈见面时的画面。

"转过来。"迈克说。

莉莉对他露出甜甜的微笑,伸手抚摸迈克的脸颊,但他把脸扭开。

大卫还来不及反应,就见迈克伸手挥了莉莉一巴掌。莉莉迅速转身向前。

清脆的巴掌声让大卫记起了他的妈妈。所有片段的记忆有如万花筒般在脑海中旋转，突然拼凑成一幅画。他想起妈妈抓着莉莉，把她拉到身旁，举起手……

"停车！"大卫大叫，惊得迈克用力踩刹车，"让我下车。"

"老天，你这小鬼，你这样会害我出车祸！"迈克吼道。

"停——停车。我不去。"

"你当然得去。"莉莉说，她又转身向后。她的脸颊上还留着清楚的手印，她的声音中充满悲伤，好像如果他不去，她就会哭。

"我要留在这里，莉莉。"

"留在寄养家庭？你不会想要留在寄养家庭里的，大卫。你在寄养家庭不会有归属感的，他们只是你的过客罢了。"

"可是我——我根本不认识妈妈，我不要去看她。她如果真的要我们，她就会想办法找到我们的。"

"她没办法的，笨蛋，因为她在坐牢。"莉莉回答。

"让——让我下车。停车。"

"闭嘴，小鬼。"迈克说。

大卫打开后车门，此时他们已经上分流道了，车速快了许多。大卫没有打算要跳车，他仍绑着安全带，只是希望这个动作可以让迈克停车。这招的确奏效,吓得迈克猛踩刹车,大家的身子全都往前甩去。迈克把车子停在路肩。

"滚出去。"他说。

"大卫,不要。"莉莉哀求着。

"我——我很抱歉,莉莉。我真的很抱歉。可是我要留在这里。"语毕,大卫关上车门。

迈克踩足油门,车子轰鸣着急驰而去。

大卫转过身,往城镇的方向走去。他一直没有回头。

有工作了

亚瑟王长得实在太快了,梅比和大卫再也没有时间读《亚瑟王传记》,就连梅比的妈妈都打电话到学校,问大卫是否可以和梅比一起搭校车到农场,不过学校不允许,他们担心校车过于拥挤容易发生意外。等他走到农场,和梅比取回捕鼠笼,拿出老鼠,再把诱饵放进捕鼠笼,给亚瑟王喂完食后,已到了该回家的时候了。

在周末只要有多余的时间,大卫便会去农舍,和梅比一起坐在大餐桌前,吃饼干、喝牛奶。他非常喜欢在农场里喝牛奶。梅比的父亲总会从牧场带回来一大罐牛奶,告诉大卫说那是刚挤出来的,大多数时候它喝起来仍是温的。大卫原本觉得它应该很恶心,所以怎么都不愿喝,而梅比和她的弟弟总是各自倒一大杯,快乐地喝着。因为不想被排挤在外,他试着喝喝看,发现味道很好，一点儿都不像市面上的盒装牛奶。他爱上了那种味道，还因为喝得太多，引来梅比的妈妈老是笑着说，要在一头母牛的脖子上挂上牌子，上面写着"大卫的母牛"。

此外，他也有机会和梅比的弟弟玩游戏。梅比没耐心陪他们玩，但大卫却一点儿都不在乎他们掉到泥堆里或尿湿裤子。他喜欢把他们带到谷仓里爬干草堆，或是捧着满手的丸状食物喂小牛。他甚至还学会了分辨每头牛。

其余的时候，他就和梅比聊天。

"我——我想问你一件事。"

"什么事？"

"为什么你的家人从来不叫你梅比。"

"他们叫啊。"

两人一边聊天一边清理捕鼠笼。她把弹簧拉回来，把死老鼠倒进大卫手上的超市购物袋。

"你妈妈都叫你梅蒂，你爸爸喊你梅黛玲，只有我叫你梅比。"

"有很多人叫我梅比，只是你没有听到而已。"

他们走进堆放干草的谷仓。大卫爬到巨大的干草球上，就像骑马一样跨坐在干草球上，梅比待在下面，把新的诱饵放进捕鼠笼里。

"知道我——我有什么感觉吗?我觉得你非常配那个名字,只是除了我之外,没有人会那样喊你。"大卫说。

"才不是呢。"

"正是。"

"你又不认识所有和我说话的人。"她有些激动。

大卫不想惹她生气,于是说:"无所谓啦,我不在乎。"

梅比开始从另一边爬上干草球。

"我喜欢梅比。它很适合你。"

她点点头。"等我长大了,我要把它改成我的真名。那是可以的,改名字。然后所有的人就全都要喊我梅比。"

"真——真的吗?"

"要花钱的。我不知道要花多少钱。可是我一定要改,因为我讨厌梅黛玲这个名字。梅黛玲这个名字听起来就像城里某个成天只知道花钱买昂贵的鞋子的人。"

*

大卫惦记着亚瑟王的故事。

"你会不会介意——意,"某天下午他问梅比,"如果我向你借《亚瑟王传记》?"

梅比一点儿都不介意。她带他到她的房间。她说得没错,她的房间没有他的大,但他却愿意随时与她交换,因为她不但拥有自己的电脑,还有数不完的书,而他却连一本属于自己的书都没有。

当晚回到家时,葛兰尼正好从烤箱里拿出焗烤通心面,上面铺了层金黄色的芝士。"看,"她说,"我做了你最爱吃的。"

"看,"他也说,"我有《亚瑟王传记》耶。是梅比借我的。"

大卫在桌旁坐下,翻着书里的图片给葛兰尼看。"这个是加文爵士,那个是亚瑟王。还有关妮薇儿皇后。这个,"大卫指着,"是石中剑皇后。"

葛兰尼仔细地看着那些精美的图画。"这可真是本古董书呢。"她说,"这本书在我很小的时候就已经出版了。"

"今天晚上,待会儿,你可以读给我听吗?"大卫要求着。

葛兰尼微笑地说:"当然没有问题。"

大卫笑了。他觉得很快乐,好像自己很富有一般。虽然和一般的小孩比起来,和梅比的那些书以及电脑比起来,他很穷,但是此刻,眼前桌上摆着焗烤通心面,《亚瑟王传记》就放在他身旁,而且葛兰尼还答应要念给他听,大卫觉得自己是个富人。

＊

某天下午，梅比去做牙齿矫正，大卫只得独自喂食亚瑟王。他穿过谷仓，寻找捕鼠器。走着走着，他走进饲养母牛的谷仓，撞见了梅比的父亲。

"大卫，我刚好在找你呢。"史脱普先生手中拿着一个小盒子，"我有礼物要送你。"

大卫打开盒盖，他原本的兴奋变成了恶心，因为里面有三只死小鸡。他极力隐藏他的失望，并告诉自己那真的是一份礼物。

"我想你可以把这些拿去喂亚瑟王，"史脱普先生说，"它可以尝尝不同口味的食物。"

"谢——谢你。"大卫说，他用眼瞄着死鸡。一想到要把它们剁碎，他不由得一阵恶心。

"你知道吗，你和梅比对小鸟的细心照顾令我很感动。你比和你同年龄的孩子更有责任心。"

大卫抬头看他。

"像你这样可靠的孩子并不多见。我敢说你的家人一定很以你为荣。"

"我——我没有家人，"大卫说，"我只有姊姊，但她没有和我住在一起。"

"那葛兰尼呢？"

"她是我的寄养妈妈，并不是我真的家人。"

"不见得与你有血缘关系的人才是你的家人。家人间会彼此照顾，"史脱普说，"以及关心彼此。我想葛兰尼会非常以你这个负责任的年轻人为荣的。你几岁？"

"到三月我就满十二岁了。"

"其实我在想，也许你会想要一份工作，大卫，赚一些钱。"

大卫暗自高兴，想要点头答应，只是就在这一刻，他脑海里突然浮现一个可怕的念头。哈洛威太太曾问过他，如果他连书都读不好的话，将来能找到什么工作呢？

"怎么了？"史脱普问，"你怎么突然不高兴了。"

大卫不知道该说什么。

"难道你不喜欢这个提议吗？如果你不想要的话，没有关系，我不会生气的。"

"不——不是的，我很喜欢这个提议，只是……"大卫长长地吸了口气，"也——也许有人告诉过你为什么我的年纪会比较大。我被留级了。我的功课不好。"

"这只是一方面，那并不表示你不能做别的工作。事实上，也许那正表示农场是最适合你的地方。看到你那么细心地照顾你的猫头鹰,我觉得你是那种属于农场的男孩。你很懂得照顾动物。"

大卫笑了。

"我当然很乐意雇用一个认真、负责的人,在星期六下午为我工作几个小时。"

"一份真正的工作?愿意,我愿意做。我今晚就问问葛兰尼的意思。我等一下就打电话给她,然后再告诉你结果,好吗?"说完,大卫拾起盒子,旋风似的离开。要是他再多待一秒钟,他就会笑到合不拢嘴。

20
"亚瑟王"一天天在长大

大卫在星期六下午两点到达农场,一直工作到五点。大多数时候他都在关小牛的铁皮屋里工作,学习如何调配给它们吃的牛奶,然后将调配好的牛奶倒进木盆里。有一头小牛生病了,他必须把它的牛奶倒进塑胶可乐罐里,在可乐罐上套上一个大奶嘴,然后像是喂小婴儿般的喂小牛。一开始小牛拒绝吸奶嘴,于是史脱普先生便教大卫,先把手指伸到小牛的嘴里诱导它。喂完小牛后,大卫必须清除脏的干草,重新铺上干净的干草床。做这项工作会让自己臭烘烘的,但小牛觉得好玩,他就是喜欢它们在他身旁走来走去的模样。

还有几次,他和史脱普先生坐着拖车出去,大多数时候他们会沿着篱笆寻找需要维修的地方,有一次他们甚至开到宽广的草原,那是史脱普先生在夏季制作干草球的地方,在他们快抵达那个地方时，史脱普让大卫操控拖车，还说等他再长高一些，便教他开拖车。

葛兰尼强迫他到银行开户，将他一半的薪水存进去，另一半当作零用钱。他把零用钱放进搁在收内衣的抽屉里的罐子，准备将来买收音机。虽然那款收音机很小，也不是很漂亮，但是当他躺在床上时，就可以自在地听节目，不会再有人老嫌他浪费电池，或要他转到别的电台节目。

*

到了五月的第一个星期，亚瑟王已经五个星期大了，几乎已是成鸟的体形，羽毛也大致长出来了，把原先白色的细毛盖在下面，这使得亚瑟王看起来全身毛茸茸的，好似枕头在它头顶上方爆开一般。

它其实已不再需要木箱子，不过它还是喜欢坐在里面。梅比的父亲在小厩的四周围上铁丝，宛若一个超大型的笼子。大卫还利用周末的时间在里面放上栖木。

每次看到大卫与梅比出现，亚瑟王便雀跃不已，因为它知道他们两人就等同于食物。它喜爱美食，非常期待它的美味老鼠肉。每当他们两人在准备它的食物时，它便会发出"555"的声音，吃完食物后，又再发出同样的声音，好像在说食物非常美味。

一旦吃饱,亚瑟王便全身充满活力。它的羽毛还没有完全成型,无法承受它的体重,因此它喜欢大卫将它抱到栖木上,之后它发现一种用摔的方式,让自己跳回木箱里。高站在它的栖木上,亚瑟王伸长脖子,转头看着隔壁小厩。这真是件很棒的事,它伸展翅膀,作势要飞,还时不时上下拍着翅膀,只是有时它兴奋过了头,便会从栖木上掉下来。

虽然还不会飞,它倒是能自在地跳进跳出它的木箱子。一跳到小厩的地板上,它便四处寻找所有可"猎"的东西,例如土坷垃或树叶。不过它最喜欢的猎物是麦秆。见到一根麦秆,它便用力盯着它,接着绕着那根麦秆小步地跳来跳去,模样极为好笑。然后猛力扑过去!一脚踩住麦秆,接着花很长的时间用脚爪抓起它,送到嘴里。每每做到这里,它便不知道接下来该怎么办,只能继续咬着麦秆四处张望。大卫倒是觉得它乐在其中。

"我们得开始教它猎捕真正的食物了。"某天下午梅比说道。她从口袋里抽出一条长长的线。"我用这条线绑住老鼠的尾巴,然后垂到它的旁边。"

大卫把亚瑟王捧出木箱。他必须非常小心,因为亚瑟王的爪子非常锐利,很容易刮伤他的皮肤,他必须戴上厚厚的工作手套。把它放回箱子时,大卫也一样非常小心,箱子里到处都是亚瑟王的大便。他的衣服上经常沾满大便,为此葛兰尼不止一次大发雷霆。

梅比把老鼠肉垂在亚瑟王的身边。亚瑟王坐在大卫的肩上,根本不理会那坨肉,反倒很起劲地用爪子拨拉大卫的头发。

梅比又试了一次。

"它——它不想吃啦,"大卫说,"它吃得太饱了,明天在我喂它之前再试试吧。"

梅比还是不放弃,又撑了几分钟。"等它再长大一些的时候,你觉得我们该不该放它走?"她若有所思地问。

"不行。"

"我爸爸说我们一定要放它走。"

大卫把亚瑟王放到栖木上:"我们要训练它,所以不能放它走。"

"我知道那是我们的计划,"梅比缓缓地说,"可是我爸爸一直跟我提这件事。他说我们那样做无法让亚瑟王得到快乐。他说放它走才是对的。"

"它——它很快乐啊,你可以看得出来。看它啄东西的声音,那就是快乐的声音,而且它很爱被摸头。"大卫伸出一根手指抚摸亚瑟王的脖子。那里的羽毛很柔滑,他着迷地抚摸着它的双翅。

"我爸爸认识一个人,"梅比说,"他是位动物学家,就住在梅尔维尔附近。他有一间收容所,专门用来照顾那些在路上被压伤的野生动物。那里的兽医将受伤的动物治好后,便交给这位动物学家照顾,他会训练它们学习重回野生世界的技巧。"

"我——我喜欢那样的工作。"

"我爸爸昨天就在梅尔维尔,还在饲料店里遇见了那位动物学家。爸爸向他提到亚瑟王的事情,你知道他说什么吗,他说如果亚瑟王继续这样和我们生活在一起的话,它很有可能会死掉。"

"不——不,它不会的,"大卫惊讶地说,"我们把它照顾得很好,连你爸爸都这么说。"

"可是这位专家说我们无法给它适当的食物,它需要各种不同的食物。"

"它有吃各种不同的食物啊。它吃死鸡。前几天猫咪麻莫雷德还抓了一只知更鸟给它。我们不能放它走,否则我们怎么把它训练成一只猎鹰呢?"

梅比叹了口气。"我知道,可是……"她停顿好久之后又说,"我也不想放它走啊,我和你一样爱它,但是听到我爸爸说了那些话……万一他说的是对的呢,大卫?我们自认把它照顾得很好而不愿放它走,但万一因为我们的无知而害它发生什么不幸,那就不好了。"

"不会的,"大卫坚定地说,"它会成为一只猎鹰的,那是我们的最终目的。反正,它是我的猫头鹰,当初是我发现那颗蛋的,所以一切我说了算。"

21

新的问题

五月五日是大卫的生日,他问葛兰尼可不可以邀请梅比来吃晚餐,葛兰尼非常赞成。

她做了大卫最爱吃的——烤牛肉,还有一个巨大的巧克力蛋糕。梅比来了,她扎了个马尾辫,马尾辫上系着一条五颜六色的串珠带子,整个人看起来非常干净,好像洗过澡后才出门。她还带来了生日礼物,外层的银色包装纸闪闪发亮。

"你绝对猜不到是什么东西,"她说,"我费了好大力气才把它拿来。"

大卫摇了摇礼盒,有个东西重重地撞到盒边。大卫撕开包装纸,打开盒盖,里面赫然是《亚瑟王传记》。

"懂了吧!"梅比笑嘻嘻地说,"这就是它为什么那么重的原因。我必须趁你不在的时候,请你的葛兰尼拿来给我,好让我把它包装起来!"

"它——它是我的吗?"

"是的,我要把它送给你,它以后就是你的了。"

"哇噢!"大卫高兴地笑了,"谢谢!"

"这是你的另一份礼物。"葛兰尼说,从厨房推进来一部脚踏车。他以前没有什么机会骑脚踏车,必须得到寄养家庭的其他小孩的允许,他才有机会骑。

"很抱歉,它不是全新的,"葛兰尼说,"这是渥辛顿太太的儿子的,他现在在外地读大学,没有机会骑它。我想你经常要去梅比家的农场帮忙,有一部脚踏车可以帮你省下不少时间。"

*

星期六下午,大卫骑脚踏车到农场去为史脱普先生工作,但他先绕到亚瑟王的小厩看看它。

一见到亚瑟王,大卫就看出它哪里不对劲。它坐在箱子里,全身的绒毛往上竖,眼睛半闭着。

"怎——怎么了,小子?"大卫问,他趴在箱子上方。他抚摸着亚瑟王的下巴,"你想吐吗?"每天至少一次,亚瑟王必须把所有它无法消化的老鼠骨头、羽毛和其他东西吐出来,这件事对它而言不难,大卫只是想,是不是一开始想吐的感觉令它不舒服。

大卫又搔了搔它的下巴，可是亚瑟王只是坐在那里，毛发竖起。

来到农舍，大卫敲着后门。"梅比在吗？"一见到来应门的梅比的妈妈，他迫不及待地问。

"梅蒂？"她喊着，"大卫来了。"

梅比穿过厨房来到后门。

"亚——亚瑟王看起来好像生病了，也许它需要去看兽医。"

梅比跟着来到谷仓查看。大卫想要立刻带它去看兽医，但双胞胎正在睡觉，梅比的妈妈无法开车送他们去兽医那里。大卫与梅比慌张地四处寻找史脱普先生，最后在牵引机房找到他，并向他解释亚瑟王的状况。

*

动物诊所里有一间看起来豪华的候诊室，墙壁的上半部嵌着松木板，松木板上方是一整面蓝色的壁纸，整间诊所散发着医院特有的浓浓的药味与狗骚味。候诊室里有三个人，一个人的宠物是一只花斑猫，它躺在宠物篮里痛苦地哀号；另一个人的宠物是一只流着口水的黑狗，它的耳朵看上去黏糊糊的；第三个人的宠物是一只小狗，看起来就像个毛茸茸的沙发抱枕，小狗不停地叫唤。

坐在候诊室里，纸箱放在腿上，大卫感觉得到箱里的亚瑟王的躁动不安，它不时发出细微的嘶嘶声，它不喜欢那只狗的叫声。大卫也不喜欢，过于吵人的叫声，让大卫当下决定，以后要是有机会养狗，他绝对不养那种狗。

大卫一打开箱子，兽医立刻露出惊讶的表情，并表示他对猫头鹰不是很了解。接着他将亚瑟王抱出来，仔细摸过它全身，而亚瑟王则对兽医发出不悦的警告声。

"它好像很瘦小。"兽医说。

"我们很正常地喂它吃东西，"梅比说，"它会把所有东西都吃完，只有今天例外，它今天不饿。"

"你们很清楚不可以把野鸟带回家养的，"兽医说，"那是违反法律的。"

"我们并没有把它从野外抓回来养，"大卫回答，"它是我们自己孵出来的。"

"恐怕那也一样是违法的。没有执照的人是不可以碰触野生鸟蛋的。"

"也许我们可以取得执照，"大卫说，"那要花很多钱吗？"

"我想比较理想的方法，是把它放回一个比较自然的环境里。虽然它生病了，不过应该还有能力在野外求生。"

大卫不喜欢这位兽医。刚刚他才说对猫头鹰了解不多，这下又说该如何照顾它。

"我觉得你们应该带它去皮拉姆博士那里，"兽医说，"那样它才有活命的机会。"皮拉姆博士就是梅比的父亲所认识的那位动物学家。

一离开诊所进入车内，史脱普先生便说："我觉得我们应该直接开到梅尔维尔找丹尼尔·皮拉姆，看看他怎么说。"

*

丹尼尔·皮拉姆住在梅尔维尔外的二十四公里处，他的木屋位于一条非常崎岖不平的道路上，整个地方简直就像动物园。一个个栅栏里关着獾、狐狸和其他各种动物。若是单纯地拜访，大卫一定会对这个地方很感兴趣，想进一步了解。不过此刻他只感觉到紧张，无法放松。

皮拉姆博士完全不像大卫想象中的博士模样。他没有戴眼镜，没有蓬乱的灰发，更没有心不在焉的表情。他的年纪和梅比的父亲差不多，有头松软下垂的黑发，还有一张满是皱纹的大众脸。他穿着牛仔裤与羊毛格子衫，一副猎人的打扮。

大卫抱着装亚瑟王的箱子走进木屋。它完全不像住人的，反而像是动物诊所,有更多的栅栏,里面有些是空的,有些关着各种鸟类,大多是长得像乌鸦的鸟类,还关着一只花栗鼠。屋子中央有一个大木桌。皮拉姆博士让大卫把箱子放到木桌上。

"啊,"皮拉姆博士打开箱子,喊道,"短耳鸮。"他对着梅比与大卫微笑,"这是它的学名。"

"它的名字——叫作亚瑟——王。"大卫口吃地说。

"亚瑟王?"皮拉姆博士愉快地说,对大卫的口吃他并不在意,"一个伟大的名字。你是亚瑟王迷吗?"

大卫没有回答。

"短耳鸮是它正式的拉丁名字,所有生物都有拉丁名字,人类也有。我们就叫智人。"

这下梅比恼怒了。大卫看得出来,她觉得皮拉姆博士认为他们什么都不懂,她说:"我觉得正确的拉丁名字是雕鸮。"

"雕鸮是长角猫头鹰。亚瑟王是短角猫头鹰,是短耳鸮。"

皮拉姆博士轻轻地将亚瑟王从箱子中抱出来。亚瑟王没有挣扎。

"你们都喂它吃什么?"

梅比说捕鼠与剁老鼠肉的事。

"嗯。"皮拉姆博士拉起亚瑟王的一只翅膀,并摸了摸翅膀下面,"它常吃肉丸吗?"

大卫与梅比点了点头。

"它有洗澡吗?"

"常常,"大卫说,"每次它很兴奋的时候便去洗澡。"

"不兴奋的时候它也会洗澡的,大卫。"梅比接着说。

"没——没错,当它抓扯干草时,它把干草弄得满地都是,好像是故意的一样,那是正常的行为吗?"

"当然是,"皮拉姆博士说,"你们两个真让我感动,你们对猫头鹰显然很了解,也把它照顾得非常好,我看得出来你们非常爱它。"

大卫的脸庞泛起骄傲的神色,他对着梅比微笑。

"问题是,猫头鹰是野生动物,即便对它倾注再多的爱也无法驯服它。虽然我们对野生动物有所了解,但还远远不够,所以就算我们愿意全心付出,我们对它们所做的常常还是伤害远超过帮助。"

"我想也许亚瑟王是吃了太多老鼠肉了,有可能吃进了老鼠体内的寄生虫,也有可能它吃到了一些吃了老鼠药的老鼠。若真是如此,那些老鼠药便会残留在亚瑟王体内。如果它吃了很多东西——小鸟、田鼠、鼩鼱之类的东西,而其中只有一只老鼠有毒，那就没有关系，但如果它吃了很多有毒的老鼠，它就会非常不舒服了。就像你我一样，猫头鹰也需要摄食各式各样的食物。"

"它有吃各种不同的食物啊，"大卫说，"死小鸡、小鸟，还有那些在路上被压死的动物。"这并不是真的，大卫只是把想象到的东西顺嘴讲了出来而已。他打算照他说的那样做。从此刻开始，从现在开始他打算更加细心地照顾亚瑟王。

皮拉姆博士点点头，说："没错，我看得出来你已经尽力了，但是我们也不希望亚瑟王发生任何不幸，对不对？"

梅比的父亲抚摸着大卫的肩膀："我想皮拉姆博士的意思是……"

大卫扭开他的手："我——我知道皮拉姆博士在说什么！"他反驳道，话音比他自己原本想的还要大，"他不可以留下它！他——他不可以把亚瑟王带走，亚瑟王是我的。"

"就现实而言，大卫，"皮拉姆博士平静地说，"那是违法的。人们必须领有执照才可以照顾野生鸟类。"

"那我就去考那个破执照！"大卫吼道。

梅比的父亲又伸手搂着他的肩膀："丹，大卫对照顾动物非常有天分，他每个星期六都到农场帮我工作，他有这个能力，我相信只要他把事情想清楚，他一定会做出对亚瑟王最有利的决定。"

"把它还——还给我！"

皮拉姆博士和史脱普先生交换了一个眼神。大卫很清楚他们的意思是"他会交出亚瑟王的"，这令大卫十分光火。这让他感觉就像和米洛太太在一起或者住在以前的寄养家庭一样，当他们觉得受够了的时候，就要大卫去住下一个家庭。就是那种表示"他只是个孩子，他会适应的"眼神。不论他多么在乎，不论他多么不想要，大人们还是一意孤行，完全不给他选择的机会。

但这次不一样。亚瑟王属于他。他绝对不会毫不在乎地放弃属于自己的东西，他必须要好好照顾它。大卫迅速地将站在桌上的亚瑟王抱回箱子里。

"给我们一些时间，"史脱普先生对皮拉姆博士说，"我相信大卫会做出正确的决定。"

皮拉姆博士点点头说："等放暑假的时候，你可以来看亚瑟王，我会教你训练的技巧，让它能够在野外生存，成为一只野生鸟类。也许以后你会对这种工作感兴趣的。"

大卫不理他，只是紧紧地把箱子抱在胸前。

*

从收容所回去的一路上,气氛非常可怕。没有人开口说话。大卫仍紧抱着装着亚瑟王的箱子,眼睛直盯着窗外,心中希望亚瑟王和他远在千里外。

回到农场,梅比和大卫把亚瑟王带回它的小厩。

"我能够体会你的感受。"梅比试探地说。

"不——不,你不能。"大卫低声回答。

"我和你一样爱它啊,我也不希望放弃它,"她说,"一想到要送它走,我就很想哭。我能体会的。"

"你不能!"大卫吼道,"你以为你能体会,那是因为你很聪明,但是你真的不能。你拥有一切、猫、电脑、农场,你还有弟弟、妈妈和爸爸。我——我甚至不知道我的爸爸妈妈是谁,就连我的姊姊现在也都不知去了哪里。我就只有亚瑟王而已。"

"你拥有的不只这些,大卫,"她说,"你有葛兰尼。你还有我啊。"

"但是你又不属于我。"

"你认为'属于'是代表什么?它代表着彼此照顾。它代表着在乎某人发生了什么事。即便你对此无能为力,也不愿见到他们遇到任何坏事。"她注视着他说,"我也不想放弃亚瑟王,我也爱它。但是正因为我爱它，所以我更不愿看到它遭遇任何不幸。"

"那是因为它不是你的。发现它的人不是你，是我。所以你根本就无法体会！"大卫大吼着冲了出去。

*

大卫应该留下来在农场干活的，但他实在太生气了。他找到脚踏车，他要回家。

他慢慢减速直到停下车子，他双脚踩地。回头望着通往农场的路，大卫想到自己的工作尚未做完。

22

"亚瑟王"可不是好养的

大卫回到家时天已昏暗,走向后门的时候,他看到葛兰尼就在厨房里。

"这是你的坏习惯,"一见他走进屋内她便说道,"你知道现在几点了吗?晚餐早在十五分钟前就好了。"她皱起了眉头,鼻子附近的脸皮都被向上提拉起来,"箱子里是什么东西?"

"亚——亚瑟王。"大卫说着把箱子放在桌上。

"你的猫头鹰?我的老天,别把它放在桌上,那是我们吃饭的地方。"她缓缓靠近箱子。盖子紧闭着,里面传出刮东西的声音。

"梅比的父亲要用它原来待的那个小厩,所以我打算把它留在这里一阵子。"

"难道他们没有其他小厩吗?农场应该有比我的厨房更适合

安置它的地方。"葛兰尼回答。

"我们得给它吃不同的东西,"大卫说,希望这样的回答能让她满意,"我们今天带它去看兽医,我想这一阵子不能再给它吃老鼠肉了,那些老鼠肉有毒。我们有汉堡吗?"

"老天啊。"葛兰尼说,声音中充满不安。

大卫抱起箱子,往门后的小楼梯走去。

"如果你想把它放在你的房间,那你得好好衡量一下才行,"葛兰尼说,"我想车库是安置猫头鹰的理想地方。"

"噢,"大卫失望地说,"就一小会儿,可以吗?晚餐结束前就先让它待在我的房间。"

葛兰尼转了转眼珠,说:"好吧,就到晚餐结束前,但是你绝对不可以让它跑出来。"

*

晚餐后,大卫从冰箱里拿了些生汉堡肉去喂亚瑟王。他打开箱盖,亚瑟王探出头来。它看起来好像好一点儿了。

大卫轻轻地抚摸它的颈子,亚瑟王特别喜欢被摸那里。然后他拿起生汉堡肉,亚瑟王看到了,但它并没有张开嘴巴。

"来,试试这个。你会喜欢的。"

亚瑟王看着它。

"来啊。"大卫用另一只手抚摸亚瑟王的背部,这个动作有时可以让它张开嘴巴。亚瑟王嘎嘎叫着并拍打它的翅膀。

大卫努力了好久,亚瑟王才啄了一小口生汉堡肉。大卫又喂它吃了一小块。然后它竖起羽毛,不再理大卫。

*

隔天一早梅比打来电话。"你干了什么好事?"她生气地问。

"它好多了,"大卫说,"昨天晚上它吃了很多汉堡肉。"是谎话,但大卫知道他必须这样说才能让梅比冷静下来。

"我要去告发你,你没有权利占有它。"

"它好多了,梅比。你没有听到我说的话吗?我——我要留下它一阵子,让他们知道我们把它照顾得有多好。"

梅比沉默不语。

"求求你?"大卫说,"让——让我再试试。"

"我觉得你不该这样做。"梅比犹豫地说。

"我想它只是需要一些改变,"大卫说,"它已经好些了,昨晚吃了不少东西。"

他听到梅比的叹息声。

就在这个时候,大卫看到葛兰尼从后院进来,她刚晾好衣服:"我得挂电话了,反正你不必担心,一定会成功的,我们一定可以把它留下来的。"

"好吧。"梅比不确定地说。她挂上电话。

*

星期日过得实在有些波折。装亚瑟王的那个木箱子太大，大卫搬不动，只好把亚瑟王移到带它去看兽医的那个纸箱，可还不到一个小时，亚瑟王便把纸箱啄烂了。

前一天晚上大卫在车库里为亚瑟王找到一个比较大的纸箱。他用地毯取代干草，帮亚瑟王铺了一张舒服的床，然后盖上箱盖，以防亚瑟王把箱子扯烂。但是亚瑟王不习惯头顶被盖起来，而大卫也担心它会缺氧，他重新把箱盖打开，拿来蛋糕架压在上面，防止亚瑟王跳出来。

不过这可难不倒亚瑟王，它轻而易举地便将蛋糕架撞开，跳出箱子，整夜在车库里游荡，乱扑、乱撞，把车库搞得一团糟，害大卫大半个星期天都在整理车库，一直到快吃午餐了，大卫才有时间把亚瑟王带到楼上。

葛兰尼当然不可能让猫头鹰待在楼上，不过在大卫的苦苦哀求下，再加上他整理干净了车库，以及他一再保证一定不会让亚瑟王从纸箱里出来，她的口气才软下来。

主日晚餐时间到了。葛兰尼通常会在午餐时间吃主日晚餐。

大卫在纸箱上方戳了一些小洞让空气流通，再把蛋糕架压在上面后，这才放心地下楼吃饭。等他吃完饭回到楼上时，发现亚瑟王竟已经撞开蛋糕架，出了箱子，跳到大卫的床上。大卫一进房间，便看到亚瑟王站在他床头的铁架上。

"哦，老天！亚瑟王，你竟然大便！"

白色的猫头鹰屎到处都是，地板上，床上，枕头上也有。"哦，老天，亚瑟王！哦，太恶心了！快下来。"

见大卫爬上来要捉它，亚瑟王迅速跳下铁架，它还不会飞，却跑得很快。

大卫越追，亚瑟王就越慌张乱跑，把房里的东西撞得四处飞散，一片凌乱。它还不时拍翅膀，发出嘎嘎的警告声。越慌张，它拉的大便就越多，就越惹得大卫骂声不断，这让他对猫头鹰有了更进一步的了解，那就是它们的脏乱。

最后，大卫把一件脏衣服丢到亚瑟王的头上，顺势抓住它。"坏——坏东西，看看你把我的房间搞成什么样子。"他一边说，一边将亚瑟王放回纸箱里，"我得趁葛兰尼发现之前，赶快换掉我的床单，还有枕头套，或许连破枕头也得全换掉，有谁会愿意睡在一张满是猫头鹰大便的床上？"他抚摸着亚瑟王的羽毛，并搔了搔它的颈子。

"你猜我带来什么？汉堡耶。你看。"大卫打开他手上的餐巾纸，撕下一小块汉堡肉。

亚瑟王真的饿了。捣毁大卫的房间让它的体力快速消耗，它食欲大增，一口气便吞下那一小块汉堡肉。

"乖孩子！"大卫说。亚瑟王吃得很多，这两天来它第一次吃这么多，所以大卫认定它真的饿了。

喂完汉堡肉，大卫将亚瑟王放在地板上，让它玩捕猎的游戏，就像以前在小厩时那样。房间里没有干草，大卫只能找些类似的替代品。找来找去，他找到一支铅笔，把它放在地板上滚。

亚瑟王只是坐在那里，没有去追铅笔，但它的样子看起来很感兴趣，它直盯着那支滚动的铅笔。

换掉脏床单后，大卫从浴室里拿出一条绿色毛巾，将它披在床脚的铁栏杆上，好让亚瑟王可以栖在上面，同时又可以保持床面的干净。

然后他拿出《亚瑟王传记》，坐在床上。如果他把《亚瑟王传记》给这个亚瑟王看的话，那会如何，他暗自笑了起来，真是个愚蠢的想法。他知道猫头鹰的眼睛对近距离的东西无法聚焦，也知道亚瑟王根本不会知道他给它看的是什么东西，反而要小心亚瑟王可能会把书本撕烂。不过他还是喜欢刚刚那个想法。

23

最痛苦的事

整个星期日大卫几乎都陪着亚瑟王。虽然房间被搞得一片脏乱,他还是很愉快。大多数时候,他用各种东西引诱亚瑟王去追猎,或者做一些蠢事,例如把石中剑从墙壁上拿下来,假装自己是亚瑟王,在床上跳上跳下,挥舞着他的棍子。这是小孩子玩的游戏,不过大卫将它稍稍修改,以防人们看到了会笑他幼稚。不过这个游戏真的很有意思。

亚瑟王,那只猫头鹰,对大卫跳上跳下的举动熟视无睹。它咕咕地哑嘴,张开翅膀以示警告。在它专注的时候,它头背上的羽毛全竖了起来,它那个样子看起来就像是戴着头饰的原住民,它成熟的羽毛下仍有细毛。大卫忍不住笑它,然后又自责不该吓到它。为了补偿,他决定再给它吃汉堡肉。亚瑟王高兴地将汉堡肉一口吞下。大卫一边喂着它,一边心想,要是梅比看到他把亚瑟王照顾得这么聪明又健康，她一定会很高兴，到时候她就知道把它留下来是对的。

睡觉前，大卫又喂了亚瑟王两次大餐，填饱它的肚子，然后将它放回它在车库里的箱子。

大卫不希望前一晚的事情再度发生，所以找来两个垃圾筒和几个箱子圈成小围栏。

"明——明天我就帮你做一个真正的笼子。"大卫边说边将纸箱放到围栏里。他已经看过他的银行存折。虽然还没有开口问葛兰尼，但他知道她会让他用他的钱去买材料的。

亚瑟王很喜欢栖息在棍子上。大卫还来不及把蛋糕架压在箱子上，亚瑟王便已跳到箱边上。箱子一时重心不稳翻倒了，里面的地毯跟着掉出来，吓了大卫一跳。

大卫弯腰扶正箱子，然后把亚瑟王放回箱子里。"你不可以这样。你得乖乖地睡在箱子里。明天我就找一个大树枝放到里面，让你可以栖息在上面。"

葛兰尼在厨房里喊着说已经很晚了。

"我——我得走了，"大卫对猫头鹰说，他轻轻摸着它的头，"明天早上见了。"他关灯离开了。

大卫设定闹钟，比平时早半个小时，这样在他上学之前，就有足够的时间照顾亚瑟王了。他先从冰箱里拿出汉堡肉来放温,以免亚瑟王吃到冰冷的食物。然后他才去换衣服与吃早餐。

打开车库门时,大卫还在思索,在他上学期间,该找些什么东西给亚瑟王玩。大卫望向围栏里面。亚瑟王就躺在纸箱里。

"嘿,懒猪,该起床了,"大卫推开垃圾桶,走进围栏,他伸手推了推亚瑟王,"我把你的早餐带来啰。"

亚瑟王没有动。

大卫的喉咙紧了起来,好似被人紧紧勒住脖子一样。他又推了推它。"醒——醒!醒醒!"

亚瑟王还是没动。

大卫丢下汉堡肉,冲回屋内。

"发生什么事了?"葛兰尼问。她正在水槽前洗东西。

大卫哭着说不出话来,只是使劲地指着车库的方向。

葛兰尼用围裙擦了擦手,跟着大卫出去。"哦,老天,"看到亚瑟王她说,"可怜的小鸟。"

*

大卫脚步沉重地走回他的房间,重重地关上门。他想要捶东西,否则他的身体可能会爆炸。他从墙壁上取下石中剑,在床上挥舞着，然后掰成两半。他把其中的一半扔向铁栏杆。这个举动让他的心情变得更沉重，因为这下连石中剑都没了。他痛哭到喘不过气来。

葛兰尼走上楼，轻轻敲了敲门并推开，"我打电话给学校，帮你请了假。"

"不公平！"大卫生气地大哭着说，"我这么努力照顾它。我竭尽全力，不该是这样的结果。这不公平。"

"没错，"葛兰尼说，"你说得没错，是不公平。"

*

这件事，大卫清楚地知道，就是最痛苦的事。其他的事情，都只是垃圾。这件事才是名单中真正的第一名。亚瑟王死了。所有的努力，所有的投入，所有的梦想，他是那么地爱亚瑟王。现在，什么都没有了。

大卫哭了又哭。每次一停止哭泣，他便不由得想念亚瑟王，他再也没有机会训练它，再也不会看到亚瑟王飞翔，然后他的眼泪又止不住地落下来。

然后糟糕的念头开始浮现。亚瑟王的死都是他造成的。当初他就不该打翻亚瑟王的巢，还追跑它的妈妈。大卫一直努力不让自己去回忆三月初山丘上发生的事情。他清楚记得那时的画面，当初如果他不去理会那个鸟巢，也许此刻亚瑟王正活得健康又自在。

他不该不听梅比的劝告的。再怎么说，她都是个天才女孩，而他是个平凡的笨蛋。所有人都知道这一点。他实在应该听她和她父亲的劝告，把亚瑟王留在皮拉姆那里。

葛兰尼又上楼来。他仍然躺在床上。

她坐在他的床边，没有说话，只是抚摸着他双肩之间的肩胛骨。

"我觉得非常难过，"大卫说，他又开始哭了起来，"一切都是我的错。"

"你把它照顾得很好，"葛兰尼轻轻地说，"你那么爱它，认为能够给它最好的照顾。可是有时候坏事情就是会发生，甚至是最不幸的事情。"

"为什么？"

"我不知道。有时候就是那样，没有道理可言。"

"不应该那样的，"大卫喃喃地说，"那样不对。"

"的确不对，"葛兰尼说，她的语气非常平静，"即便如此，有时仍然避免不了。"

24

葛兰尼的故事

下午,大卫下楼看电视,都是一些无聊的节目,大部分是愚蠢的益智节目或肥皂剧,剧中的每个人都有可怕的遭遇。再不然就是谈话节目,里头的每个人都有可怕的人生际遇。大卫就是随便看看。

这样就可以不让他想到梅比,他不知道要怎么跟她讲这件事。她会不会原谅他呢?在失去亚瑟王的同时,或许他也失去了梅比。

葛兰尼已经去佛曼太太家了。佛曼太太有一栋非常大的房子,位于伊斯特街,要花很多时间才能打扫完毕,大卫知道四点以前她是不会回家的。看腻了电视,又想不到有什么事情可做,就连葛兰尼特地为他留的饼干他都不想吃。

穿上鞋子,大卫走向车库。葛兰尼已经把亚瑟王放进一个鞋盒里，并把盒子放在工作台上。大卫拿起盒盖，伸手抚摸亚瑟王的羽毛，还有那些已经僵硬了的细毛。那些细毛昨天都还在成长呢，只是在一夕之间，它们再也没有机会变为成熟的羽毛。

他轻轻拍了拍亚瑟王的头，在它的颈部搔痒，这曾是它最喜欢的。他用手摸摸亚瑟王的爪子，感觉它们的锐利。他拉开亚瑟王一边的翅膀，如果它还活着，一定不会让他这样做的。他的感觉是——僵硬又冰冷。它死了。

从车库的墙上取下一把铲子，大卫沿着房子旁的花床往前走，花床里的郁金香正绽放着，粉红色的美丽花朵散发出一股浓浓的甜味。他发现了一处小空地。大卫挖了一个深洞。然后他进屋回到楼上的房间。

他原想找一个又柔软又保暖的东西来包亚瑟王，他一上楼，第一眼便看到他的小毯子。他看着它。那是唯一一个永远属于他的东西，在他面对种种改变时，唯一给他安慰的东西。大卫拿起它。也许它也会给亚瑟王以安慰。不论亚瑟王到了哪里，有了他的小毯子的陪伴，也许它就不会觉得孤单。小毯子的味道闻起来就像大卫的，亚瑟王会觉得大卫就在它的身旁。

大卫将小毯子拿到车库，吻了吻亚瑟王的头，然后轻轻将它包起来,放到鞋盒里,盖上盒盖,抱着盒子走到外面,小心翼翼地将盒子放到洞里,然后铲起泥土埋了它。

"再见了,亚瑟王。"他说,他又忍不住地哭了起来。

葛兰尼一回到家,便开始准备芝士通心粉作为晚餐。真香,芝士味道飘上小小的楼梯,飘进大卫的房间,大卫躺在床上。

大卫不想吃任何东西。他躺在床上,脑海中思索着最痛苦的事的顺序。

"大卫?"葛兰尼喊着,"吃晚饭了。"

大卫躺着不动。

葛兰尼的脚步声轻轻地在楼梯间响起。她一进入房间,他便转身对着墙壁。

"你不想吃晚餐吗?是芝士通心粉耶。"

"我——我不饿。"

葛兰尼在床边坐下:"我可以体会你的感受。"

大卫觉得说这种话应该算是违法的。

"要听个故事吗?"葛兰尼问,不等他回答她便继续说道,"我并不常向人们讲这个故事,但是我觉得现在是和你分享它的适当时机。"

大卫依然背对着她。

"是关于我的汤玛士。那时我们才结婚不久。汤玛士在铁路局工作。生活虽平淡,却安定。我们并不富裕,连辆车子也没有。我们努力存钱付了这套房子的头期款,因为房子又旧又破,所以价格便宜。汤玛士说我们可以自己修缮。这套房子很大,可以容纳很多孩子。这点对我们而言很重要,我们希望有个大家庭。"

葛兰尼沉默了很久。

"我想把屋内的窗户都装上百叶窗,"葛兰尼轻轻地说,"豪华的房子都有百叶窗。它们只是装饰,就是种流行而已,并不是要用来遮蔽任何东西。等到我们的宝宝降生时,我要他们以住在这套房子里为荣,所以我不停地对汤玛士说:'你可以挂上百叶窗吗?'

"我们没有钱买百叶窗,但汤玛士的手很巧,他自己做,而且做得很漂亮。他在每扇百叶窗上剪出飞鸟的图案,他知道在夏天,我非常喜欢到后院看燕子。他还把百叶窗漆成灿烂的阳光般的黄色。我迫不及待地想看它们挂起来的样子。我不停地说:'汤玛士,我们什么时候把这些百叶窗挂起来啊?'他一周上五天半班,只有星期天才有时间挂上它们。

"某个星期天,吃早餐的时候,我说:'拜托你今天把它们挂起来。它们已经放在地下室里两个星期了。'在星期天,汤玛士一般整个早上什么都不做,就只是坐在那里看报纸。别人会去教堂做礼拜,或者出去野餐,但汤玛士就只是整天坐在那里。他一个星期才休那么一天假,他这样说。但我却觉得他在浪费时间,所以对他唠叨个没完。终于他答应了,趁着我准备晚餐的时候,他去把三扇百叶窗挂在楼下的三个窗户上。然后他搬出梯子,把你房间的那个小窗户也挂上……"

她停了下来。大卫翻过身,看着她。葛兰尼低垂着眼睛凝视着床单,好像那里有什么有趣的东西似的。

"百叶窗太重了,梯子承受不了,"她终于又开口说道,"汤玛士站在上面,梯子重心不稳。他丢下百叶窗。我还清楚地记得它撞到梯子的声音。然后梯子倒了,汤玛士也是。"

她转过头:"他掉下来的时候头撞到梯子,他不是当场死的。事实上,他昏迷了六个星期才过世。从我叫他别再看报纸,出去把那些百叶窗挂上开始,我们就没有说过一句话。"

大卫安静地躺着。

"我记得最清楚的是,我心中的感觉是那么的不好,我为自己做了如此愚蠢的事情而深深自责,那天早上汤玛士会爬上那个楼梯,都是我的错,如果我没有那么虚荣地想要一套和别人一样的房子，也许他就不会过世。不过，我记得最清楚的是那种空虚的感觉，内心的一切好像都被吸尘器吸走了。

"吸走我的整个生命，我全部的世界。在那一刻，一切都改变了，我最深爱的那个人走了，我们计划要生的孩子也没了，我们的未来消失了，我们的梦想，一切，一切再也不会回到从前了。"

"你怎么办？"大卫问。

葛兰尼轻轻地抬起双肩，看似要耸肩，但她没有。"活下去。"她说，"一切都变了，无法回到从前，所以我必须学会所有的事，就是汤玛士以前做的那些事。我必须赚钱付贷款。我非常孤单，我失去了汤玛士，也连带失去了生孩子的机会，我心想：'这不公平，这不是我要的。'随着时间的流逝，我越来越习惯这一切，我想：'这虽不是我的选择，但却是我的命。'我提醒自己尽力把一切做好。最后我决定，如果我没办法拥有自己的孩子，那我就为那些没有家人的孩子打造一个家，也就是我现在所做的。虽然现在我老了，没有能力再为更多的孩子打造一个家，但至少我还可以为一个孩子打造一个家。"

大卫缓慢地叹了一口长气。"亚瑟王的死都是我的错，"他淡淡地说，"在它还是一颗蛋的时候我打破了它的鸟巢，这件事我从没告诉过任何人，连梅比都没有。当初我要是不理它就好了。现在我多么希望是那个样子。"

葛兰尼把手搭在他的肩膀上："犯错是难免的。人们总不免会做出让自己后悔的事情。"

大卫的眼眶里充满泪水，眼前葛兰尼的身影也变得模糊。

她说："我知道这一切发生得太快了，我一直在想，也许我们应该让你养一只小狗。佛曼太太今天跟我说，她女儿养的杰克罗素梗犬，最近生了一窝小狗。她知道你喜爱动物，觉得也许你会想要去看看那些小狗。她的话让我想到，等你再长大一些，你也可以养一只。杰克罗素梗犬很适合男孩子养。这种狗很善于学习。"

就在这个时候，一股特别的悲伤涌向大卫。要是上个星期甚或是昨天，有人问他想不想要一只小狗，他一定会高兴不已。他一直梦想着能有一只自己的狗，可以训练它。可是现在，这话听起来只会让人心情恶劣罢了。他不要狗。他要亚瑟王。

他摇着头说："不要。"

"不，不是现在。这样太快了。那些小狗才刚出生，还不能离开它们的妈妈，得等到八周后才行。"

"我不要狗。万一它又死了那该怎么办？"

葛兰尼看着他："我很想告诉你，在经过这件事情之后，再也不会有任何坏事发生在你身上，但事实是，我们必须接受生命的挑战，这是无法选择的。我们唯一拥有的选择是，当事情发生时，我们用好的或坏的态度看待我们自己。"

"亚——亚瑟王死了，那也是无法选择的事？"

"没错，无法选择。可是你可以选择接下来要怎么做。"

"我不懂你的意思。"

"如果你在对抗中被打倒了，那并不表示对手已经赢了。只要你爬起来，他就不算打败你，对不对？只有当你躺在地上起不来时，事情才算结束。所以，就算有不好的事情把你打倒，那么你要做的第一件事就是爬起来。这不表示你不会受伤，你必须装出没有受伤的样子。只要你爬起来，你就没有输。

"第二件事情就是，想想好的一面。想想亚瑟王，想想它美好的一面。例如，要是没有它，你和梅比不会变成好朋友。想想你们孵它的过程是多么愉快有趣。想想从它身上你学到多少有关猫头鹰的知识。想想因为它，你才得到周末的工作机会。想想它长得多么好看，它又做了多少有趣的事情。"

"那——那太蠢了，只有小孩子才会那样。"

"不，不见得。因为想了这么多美好的一面，你令亚瑟王变得非常重要。你得让世界知道，你了解它，你变得更好，否则它就只是一只死得毫无意义的猫头鹰罢了。"

25

经历过最好的事情才能有最痛苦的事

那天晚上,电话响起。大卫很害怕是梅比打来的,他不愿接听,他不知道该说些什么。葛兰尼接听电话,来电是找大卫的,大卫紧张得直咬牙根。

不是梅比打来的。是莉莉。

"嘿,还记得我吗?"她开玩笑地说,"你大概以为我已经从这个地球上消失了,对不对?不过你猜怎么了,我回到孩童时期的家了。"

大卫一门心思想的都是亚瑟王,一时之间他不知道该说什么。

"我和迈克分手了。"

沉默。

"你很安静。"

"我——我的猫头鹰死了。今天早上。"他对她说。莉莉也许会嘲笑他,喊他笨蛋,但大卫仍无法假装一切正常。接着他开始描述他和梅比孵蛋、饲养亚瑟王的过程,而现在它却死了。

"哇噢,"听他讲完,莉莉惊叹地说,"哇噢,我从来没有想过我会一次听到你讲这么多的话。你可以流利地说话了耶,大卫。太酷了。还有那只猫头鹰也很酷。"

"才——才不酷。它死了。"

"它是死了,可是你拥有过它就是很酷的事。上次我找你的时候,你应该带我去看它的,"她说,"我会很高兴。"

"它死了。"

"是啊,真令人难过。"然后莉莉沉默了片刻,说道,"我为它感到难过,大卫。"

又是一阵短暂的沉默,令莉莉十分不安。她一直以来就不擅长面对沉默。

"我的日子也不好过,"她说,声音变得更温柔,"你知道的,关于去找妈妈的事情。呃……我不觉得那个女人是我们的妈妈。我是说,如果她是……她不认得我。她叫我滚开。"

又是一阵沉默。

"然后我和迈克分手。反正坏事连连啦。然后又是警察。我猜应该是米洛那个老女人打的电话,因为她也在场。现在我回来了。"

"也许她并不是我们的妈妈。"

莉莉没有接话。

"也许下一次我可以和你一起去。也许下一次我们会找到她。"

"对。也许下一次。"

"我很抱歉,这次没有和你一起去。"大卫说。

"没关系。"暂停几秒后她继续说,"我也很抱歉,大卫。我为你的猫头鹰感到难过。"

*

隔天,大卫必须回学校上课,但他却很不想去。他不知道看到梅比时,该怎么对她说。

葛兰尼一定已经察觉到他的顾虑,因为在大卫下楼吃早餐时,她说:"我昨天有打电话给史脱普太太,告诉她你和亚瑟王发生的事。"

至少这是件好事,大卫心想。他可以想象他的行为惹火了梅比,她痛恨他,她一定会恨死他的。

事情似乎正如他所想象的那样，整个早上梅比都离他远远的，不愿和他说话，不愿看他一眼，也许她甚至不想和他待在同一间教室。大卫并不怪她。

上社会课时，他们必须两人一组到外面去数汽车和卡车，画出它们的污染程度曲线图。女孩们很快就选好组员，没有人选择和梅比一组。

为什么他不选择梅比呢？因为他害怕罗尼嘲笑他交女朋友，或者嘲笑他们是怪物组吗？这个想法实在太愚蠢了。大卫感到丢脸、内疚而且难过。

你愿意和我同一组吗？他在心里默念着、练习着。

他不敢冒险。她会拒绝，因为她痛恨他。所以，当丹尼斯那个胆小鬼过来邀他时，他答应了。两人结伴和大家一起出去。

*

午餐时间，大卫靠在篮球场的墙壁上。他经常在那里消磨时光，那里有温暖的阳光，就算没有阳光，他也喜欢背部摩擦粗糙的砖块的感觉。更棒的是，没有老师会催促他参加活动，他们以为他在观赏篮球赛。他有时候的确是在观赏篮球赛，但今天他只是站在那里。

他在操场上四处寻找梅比的身影。

她就在侧门处跳绳。罗尼也在那里，拿着一根棍子，不时地将它伸出去挡着绳子，害梅比必须跳跳停停。

事实上，有一群孩子都在那里，大卫知道他们群起煽动罗尼捉弄梅比。他们不会说"挡它！挡它！"那样太明显了，会引起老师的注意。他们只是站在那里，微笑地鼓励着，让罗尼知道他的表现很酷。

那群孩子经常使用这种方式欺侮其他小孩子。他们这样对待大卫，也这样对待丹尼斯。有时候就连隔壁班上那个叫谭熙的女孩也不放过。不过他们最主要的欺侮对象还是梅比，因为她会回应，而那正是他们想要的。

在梅比跳绳的时候进行捣乱，罗尼最拿手了。他还跳着爱尔兰吉格舞步来炫耀。罗尼幻想着报纸会大幅报道他赢得舞蹈比赛，那样哈洛威太太一定会让他在全班同学面前表演。现在他就在操场上跳爱尔兰吉格舞。一步，两步，三步，四步，转身。把棍子伸进梅比的绳子里。虽然是以舞蹈方式表现，却毁了某人的一天。

没有人阻止他。事实上，其他孩子都还看得津津有味。他们大笑，因为梅比是个怪胎。

大卫开始越过操场。

"你是疯子吗,梅比?"罗尼说,同时向前跨出两步,用棍子缠住绳子。显然他觉得这样说很棒,他将头向后仰,活像一只咆哮的猴子。"你是疯子吗,梅比?"他后退两步。

"住——住手。"大卫说。

"噢噢噢!"罗尼吼道。他所发出的声音有如一座动物园里的动物齐吼。"有人来英雄救美了!"

"住——住手,去找个和你一样大的孩子欺侮吧。"

"住——住——住——手——手——手!"罗尼模仿着。围在四周看热闹的孩子都觉得这实在太好笑了。有几个也跟着悄悄学了起来。

"你觉得那听起来很有趣吗?"大卫问,"要不要我再做一次?住——住——住手。"他故意说得很夸张,"住——住——住——住——住手。"

罗尼看着他:"你真是个怪胎耶,智障。"

"每个人都大笑,那表示我一定很有趣。要我再做一次吗?"大卫问,"住——住——住——住——住手。"

罗尼注视着大卫,好像大卫已经疯了一般。

"要我再说——说一次吗?"大卫问,"我是说,既然它那么有趣的话。哇噢！我是个真正的喜剧演员，对不对？哈，哈，哈。难道大家不这样觉得吗？"

"老兄，你真是个怪胎。我们只是在闹着玩而已。"罗尼终于说。

"好。那就——就滚吧，"大卫破口大骂，"因为我可能会把你揍一顿。"

罗尼手中的棍子滑落在地，但他并没有离开。

"滚。全都滚。"大卫对着旁观的孩子大骂，"因为我也是危险人物。"

"哦，老天，那个智障终于发疯了。"罗尼语气轻蔑地说。可是他真的转身了。"走吧，你们几个。我们不要再浪费时间了。"

他们一起离开。

沉默。

梅比垂下头。她努力地忍住不哭，但就是没办法。她的眼眶中满是泪水，一小滴泪水掉了下来。

大卫希望她能称赞他刚才的勇敢行为。他刚刚很勇敢。或许在那一刻罗尼不知如何反击。大卫希望她至少可以说声谢谢。

可是她没有。她只是站在那里，低着头，假装没有在哭。

"抱歉。"大卫淡淡地说。

沉默还在持续，时间越来越长，而且令人不自在。

"听——听着，梅比，对于亚瑟王的事情，我真的，真的，真的很抱歉。我真的，真的，真的很抱歉把它留下来。"

"你是应该抱歉。"梅比低声回答。她睁大眼睛，再不想忍住泪水。

"它的死都是我造成的。"

"是的，或许是。"

"我很抱歉。真的。我真的很抱歉。我当初应该听你父亲的建议。我希望，我希望当初让皮拉姆博士照顾它。我多么希望，多么希望时间能回到那个星期天。说什么我都愿意让皮拉姆博士照顾它的。"

梅比沉默了好久，她终于开口说话了。

"昨天晚上我哭了很久，"她说，"当我妈告诉我时，我简直不敢相信那是真的。"

"我看到的时候也不敢相信，"大卫回答，"我现在仍然无法相信。我仍然觉得，它就在谷仓的小厩里。"

梅比点点头。

"那是我遇过最坏的事。"梅比说。

"是——是的。"

大卫把双手插进口袋里。

终于,梅比抬头看着他:"那是你遇过的最坏的事吗?"

大卫长长叹了口气:"我在脑海中一直记得那份名单。最痛苦的事的名单。我很清楚每个排名的事情,而最痛苦的事一直都没有出现。最痛苦的事不是妈妈或爸爸,不是任何地方或任何人。现在我觉得不是那样的。最痛苦的事就是你拥有了某样东西,然后又失去了它。因为直到那个时候你才知道,你所失去的东西有多么珍贵。"

"如果真是那样,"梅比静静地说,"那么你就永远不希望有好事发生,因为你也许会失去它。"

"我不会。"大卫回答,"我昨晚想这个问题想了很久。"

梅比没有说话。

"我是说,我猜有最好的事情才会有最痛苦的事,这两个都不会单独存在。"

"也许吧。"梅比说。

又是冗长的沉默。

"我爸爸说反正亚瑟王活不了,"她喃喃自语,"他说你不可以强将野生动物留在身边。它们会死的，因为它们并不属于那个地方。就算你把它照顾得很好也没有用。"

"葛——葛兰尼说，也许我可以养条狗，"大卫回答，"昨天我——我拒绝了，但是……也许过些时候我会说好。它和亚瑟王不一样。我一直想要养一条狗。而且葛兰尼还说，要养那种擅长学技巧的狗。"

梅比点点头。

"也许你可以帮我训练它，"大卫建议，"我是说，如果你想的话。我不知道该怎么开始。也许你有读过这类的书或者什么的。"

梅比点点头。

他们就站在那里。大卫看着其他小孩，欺侮梅比的那些小孩远在操场的另一边。罗尼正和其他小孩轮流玩中国跳绳。他是那种不会让人觉得会玩那种游戏的人，但他却玩得很好。

"所有人真的都喊你梅比吗？"大卫问。这是个蠢问题，和他们当时在谈的话题完全不相干，他只是刚好想到这个问题，"其实只有我喊你梅比，对不对？"

她没有回答。

"他——他们嘲笑我，你知道的。他们认为我没办法正确叫你的名字,因为我有口吃的毛病。"

"真的是梅比啦。"她低声说。

"可是你的梅比并不是来自梅黛玲啊。"

"不,也许不是,可是还是梅比。对我而言。在我的内心里,就像在你的内心里你是亚瑟王一样。所以我才让你那样喊我,因为你是我的朋友。"

大卫淡淡地微笑着。

操场上的那些孩子快乐地又跑又尖叫。梅比和大卫仍静静地靠着墙壁站着。

"要再做朋友吗?"大卫问。

她没有立刻回答,但随即轻轻耸耸肩,好像有一只苍蝇在她身上一样,"我想可以吧。"

"你不必勉强,"他说,因为她的语气听起来不是很确定,"我能理解的。"

"昨天我和我爸爸讨论这件事,他说把这一切都怪罪在你身上是不公平的。真的,说起来我也有错。我也不想把亚瑟王留给皮拉姆博士照顾,所以当你把亚瑟王带走时,我并没有阻止你……"她抬眼望着天空,说,"跟你说实话,其实那时我也想带着亚瑟王逃走。我真正气你的原因——我是说,亚瑟王的死虽然令我很难过——但我真正对你生气的原因是，你竟然丢下我，自己带着亚瑟王逃走。你从来就没有跟我提起你要带亚瑟王逃走。你甚至不认为我会站在你这边。"

"我没有那个意思，"大卫说，"我的姊姊老是对我那样，丢下我，自己逃走。我知道那是什么感觉。我很抱歉。"

"我不认为朋友之间应该那样。朋友属于彼此。"

大卫点点头。

她转头看着他，仔细地上下打量着他，终于露出一抹疲累的微笑。然后她伸出她的手，好让大卫可以和她击掌。大卫伸手去拍，发出清脆的响声。

两人又靠着墙壁站着。这时钟声响起。

"那么，"梅比说，"放学后要过来吗？"

"做什么？我们又没有亚瑟王可以照顾。"

"我们可以做其他事情啊。如果你想要孵什么的话，可以去看看鸭子是不是已经下蛋了。它们比较容易饲养。"

"它们不吃死老鼠吧？"

梅比笑了出来："不吃，只吃鸭饲料。"

大卫望着远处的操场。

"我——我在想……"他缓缓地说，"也许我们可以读《亚瑟王传记》。等到我有办法自己读的时候,可能我都已经当爷爷了。"

她笑了笑,说:"好啊,这个主意不错。"

"好。我必须先和葛兰尼说一声。我晚点再过去。我要先回家。"

图书在版编目（CIP）数据

猫头鹰男孩／（美）海顿著；陈淑惠译．—北京：华夏出版社，2015.1
（桃莉老师疗愈成长之旅）
书名原文：The very worst thing
ISBN 978-7-5080-8299-8

Ⅰ.①猫… Ⅱ.①海… ②陈… Ⅲ.①问题儿童－儿童教育 Ⅳ.①G765

中国版本图书馆CIP数据核字(2014)第275406号

The very worst thing by Torey Hayden
Copyright © 2003 by Torey Hayden
Simplified Chinese translation copyright © 2015
By Huaxia Publishing House
Published by arrangement with Curtis Brown Ltd.
through Bardon-Chinese Media Agency
ALL RIGHTS RESERVED

版权所有 翻印必究
北京市版权局著作权合同登记号：图字 01-2014-2477

猫头鹰男孩

作　　者	（美）桃莉·海顿
译　　者	陈淑惠
责任编辑	王凤梅
责任印制	刘　洋

出版发行	华夏出版社
经　　销	新华书店
印　　刷	三河市少明印务有限公司
装　　订	三河市少明印务有限公司
版　　次	2015年1月北京第1版　2015年4月北京第1次印刷
开　　本	880×1230　1/32开
印　　张	6
字　　数	120千字
定　　价	29.80元

华夏出版社　　地址：北京市东直门外香河园北里4号　邮编：100028
　　　　　　　　网址：www.hxph.com.cn　　电话：（010）64663331（转）
若发现本版图书有印装质量问题，请与我社营销中心联系调换